「本当の自分」がわかる
性格診断

まい占い

田淵華愛
Kaai Tabuchi

宝島社

はじめに

星座占いが好きだけど、結果がしっくりこないことがある。本当の自分について知りたい。

そんな思いを抱えている人に、ぜひ知っていただきたい占いがあります。

それが、この本でご紹介する「まい占い」です。


「まい占い」では、生まれたタイミングとその場所を手掛かりにして、すべての人を5つのタイプに分類します。

その人が持っているエレメント（自然界の構成要素）の配分を導き出すことによって、どのタイプかを占うのです。


エレメントの考え方にはさまざまなものがありますが、この本では「火」「土」「風」「水」の4種類のエレメントが存在すると考えます。

そして、それらの配分によって、すべての人を「火のエレメントが多い人（パッションズ）」「土のエレメントが多い人（アース）」「風のエレメントが多い人（ウィンディ）」「水のエレメントが多い人（モイスチャー）」、そして、4つのエレメントをバランスよく持ち合わせている「バランスのエレメントの人（レインボー）」という5つに分類しました。

私は占星術師・手相鑑定師として、これまで5000人以上の方々の運勢を占ってきました。

さらには、主宰するオンラインサロンのメンバー約1000人の運勢を読み解き、その人生の行方を星の運行とともに見守りながら、星座占いのあり方について考えてきました。

そんな中で今、私がすべての人におすすめしたいと思っているのが「まい占い」です。

星座占いの結果に納得できないという人も、「まい占い」なら腑に落ちることがあります。

まるで遺伝子検査を受けたかのように、自分の本質を言い当てられたような気持ちになる人が多いのです。

すべての人の本質を解き明かす「まい占い」の世界を、ぜひあなたも楽しんでください。

田淵華愛

CONTENTS

相性

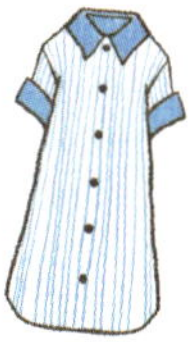

「まい占い」の方法

「まい占い」では、その人が生まれた瞬間の10天体の配置とアスペクト（天体間の角度）をもとにして、すべての人を5つのタイプに分類します。

なんだか難しそうと思われるかもしれませんが、ご心配はいりません。この本の制作にあたって、簡単に「まい占い」ができる独自のシステムをつくりました。

生年月日と出生場所さえ入力すれば、あっという間に占うことができますよ。

下記URLまたはスマホなどでQRコードを読み込み、
サイトにアクセスしてください。

https://horoscope-kaai.herokuapp.com/myura

★お名前を入力

占いたい人の名前をいれてください。名前は占いには関係のない要素なのでフルネームではなくニックネームなどでも大丈夫です

★生年月日と出生時刻を入力

正確な時刻がわからない場合は、わかる範囲でおおよその時刻を入力するか、「時刻不明」にチェックをします

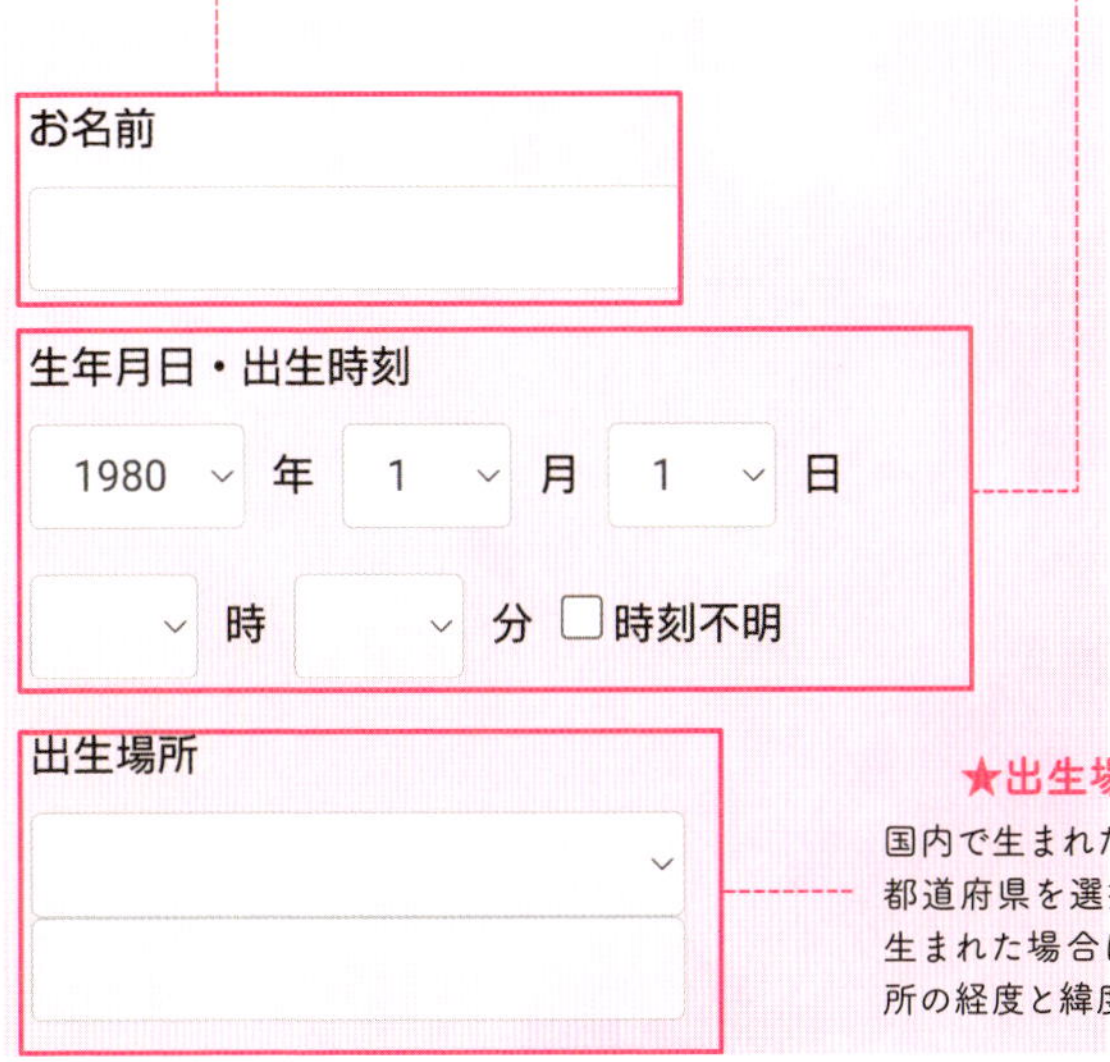

★出生場所を入力

国内で生まれた場合は、上段で都道府県を選択します。海外で生まれた場合は、下段にその場所の経度と緯度を入力します

▼

あなたのタイプがわかります

○○さんは
"モイスチャー"タイプです

パッション	12.5%
アース	19.3%
ウィンディ	25.5%
モイスチャー	42.7%

各エレメントのパーセンテージが算出され、その中で最も数値が高いものがあなたのタイプです。すべてのエレメントが20%台の場合はレインボー（バランス）に該当します。

数値が低いエレメントを持っていても、少なからずその傾向があらわれることがあります。しかし基本的には、最も数値が高いエレメントを自分のものとして考えてください。

★「まい占い」とは

◆いろいろな顔を持つ「本当の自分」を知るために

巷でよく見る星座占いは、そのほとんどが太陽星座を占ったもの。

生まれたときに太陽がどの星座に位置していたかによって、その人の星座が決まります。

ちなみに、この「太陽星座占い」では、その人の社会的な一面を読み取れるといわれています。

そうして導き出された占い結果は、確かにその人の一部をあらわしていますから、納得する部分はそれなりに多いはずです。

ただし、その人のすべてをバランスよく占っているわけではないため、「当たらない」と感じる部分も出てきます。

たとえば、こんなふうに感じている人はいないでしょうか。

家から一歩足を踏み出して外の世界に出れば、社会性を発揮してみんなとうまく付き合っていける。

だけどそれは、自分の本当の姿とは言いがたい。外の世界では仮面をかぶってやり過ごしているだけで、家の中にいるときの自分こそが本当の自分なんだ。


そんな思いを持つ人から支持を得てきたのが、「月星座占い」です。

この「月星座占い」は、生まれたときに月がどの星座に位置していたかによって、その人の星座を占います。

「月星座占い」で読み取れるのは、その人の内側の部分。

自分の内面を深く見つめたい人にとって「月星座占い」は、「太陽星座占い」よりもずっと頼れる存在。「月星座占い」によって本当の自分に触れられたと感じた人は、きっとたくさんいることと思います。


しかし、人は誰でもたくさんの要素を持ち合わせているものです。

外側の世界だけ、内側の世界だけで生きているわけではありませんし、そのほかにもあらゆるものの影響を受けながら生きています。すべてをひっくるめて、その人ができているのです。

そんなふうにしてつくりあげられる、その人の存在を占星術で紐解くとき、もっと精度が高い方法があるのではないか。

そうした思いから生まれたのが「まい占い」です。

◆太陽と月をはじめとする10個の天体で占う

この占いでは、太陽、月、水星、金星、火星、木星、土星、天王星、海王星、冥王星という10個の天体の影響と、さらには、アスペクト（天体間の角度）にも考慮して、その人のタイプを導き出します。

そうすることで、外の世界の自分も内の世界の自分も、さらにはそのほか、さまざまな要素をあわせもった本当の自分に焦点をあてられるのです。

「まい占い」では、9ページでご紹介したように、生まれた日時とその場所を入力すればその人を構成するエレメントの比率を調べることができます。

「火」「土」「風」「水」という4つのエレメントの中で、最も大きな割合を占めているのはどれなのか。もしくは、すべてが同じくらいの割合を占めているのか。

その結果によって、すべての人を5つのタイプに分類します。


5つのタイプにはそれぞれ、際立った特徴があります。

ファッションや食事の好み、不調のあらわれ方やそれを改善するためのケアにも違いがありますし、開運のための効果的なアクションも異なります。

感性も体質も、そして、幸運を引き寄せる方法も思考回路も、あらゆるものが違うのです。


この本では、それぞれのタイプの特徴や傾向、開運アクションなどを具体的に解説します。

自分のタイプの解説を読めばきっと、「太陽星座占い」や「月星座占い」とは一味違う納得感を得ていただけるはずです。

私のまわりにも「まい占い」によって「自分の本当の姿を知ることができた」と打ち明けてくれる人がたくさんいます。

10個の天体とアスペクトが導き出す「まい占い」の結果は、まるで遺伝子検査のようなもの。

この本は、自分の本当の姿を知り、より良い人生を歩むための取扱説明書として役立てていただけるはずです。

これからご紹介する5つのタイプに、優劣はありません。

4つのエレメントのように同格で、それぞれが作用し合って世界を構成しています。「風」があるからこそ「火」の勢いは強まりますし、「水」があるからこそ「土」の固さはゆるまります。すべてが影響を与え合っているのです。

これらのエレメントの関わりを、5つのタイプに落とし込んで見てみましょう。

たとえば、飲食店を営みたいと思うとき、「こんなお店にしよう」と魅力的なアイデアを生み出すのは「火（パッション）」です。そして、そのアイデアを実現するにあたって情報や知恵を集めて良い方向へと導くのが「風（ウィンディ）」、それを具体化するべく確実な仕組みをつくりあげるのが「土（アース）」。

店頭に立って心を込めたサービスを提供できるのが「水（モイスチャー）」で、全体がうまく機能するよう場を調整する力を持つのが「バランス（レインボー）」です。

いずれかのタイプが欠けていたとしても、お店は成立するかもしれません。しかし、それぞれが得意を活かし、不得意なところを補い合えば、どうでしょうか。きっとそのお店は、働く人にとってもお客さんにとってもすばらしい存在になるはずです。

つまり、この「まい占い」の結果はチームビルディングにも大いに役に立つのです。

生まれた場所と時間は、決して変えることができません。そのため、「まい占い」の結果も一生変わることがありません。

しかし、生き方は変えることができます。

自分のことだけではなく、異なるタイプの人のことを深く知れば、より良い生き方のヒントが見えてきます。そうすれば間違いなく、あなたの人生は幸福度を増していきます。

最高の未来を思い出すために、この後に続く解説をぜひ参考にしてくださいね。

キャラクターについて

「まい占い」には、お米をモチーフにしたキャラクターが存在します。ちなみに「まい占い」という名前は、「ｍｙ（私の）」と「米《まい》」にちなんでつけました。

お米は、幸せと豊かさの象徴。日本人にとっては、パワーの源となるソウルフードでもあります。「自分を知り、幸せと豊かさのヒントを受け取ってほしい」。そんな願いを込めてつくったのが「まい占い」なのです。

「まい占い」の結果として導き出される「火」「土」「風」「水」「バランス」という5つのタイプには、それぞれ「パッション」「アース」「ウィンディ」「モイスチャー」「レインボー」というキャラクターが対応しており、そのタイプの人の象徴となっています。

そこでこの本では、それぞれのタイプの人のことをキャラクターの名前で呼びたいと思います。たとえばあなたが「火のエレメントが多い人」なら、ここからはあなたのことを「パッション」と呼びます。このキャラクターは、あなた自身をあらわす存在なのです。

パッション

ELEMENT

火

★ 情熱的で感動屋さん

★ ひらめいたら動く本能の人

★「0」から新しい世界を創造するリーダータイプ

★ 無邪気さが魅力

★ 楽しく盛り上がるのが好き

→P.023ページへ

アース

ELEMENT

土

★ 安定と安心が大切

★ 豊かな自分の世界観を持っている

★ 基盤をつくるのが得意

★ 人が見ていないところで頑張っている

★ 決めたことは必ず実行する

→P.045ページへ

ウィンディ

ELEMENT

風

★ センスがよく新しい時代を創っていく

★ フットワークが軽い自由人

★ 変化をおそれず常にバージョンアップ

★ 枠にとらわれない柔軟さがある

★ 十年後を見据えた革新的なチャレンジャー

→P.071ページへ

モイスチャー

ELEMENT

水

★ 思いやりがあり愛情深い

★ 共感と感謝が大切

★ 目の前の人が喜んでくれたら本望

★ 相手の心を読めるためホスピタリティが高い

★ 感受性豊かで表現力にあふれている

→P.095ページへ

レインボー

ELEMENT

バランス

★ 精神の成熟度が高い

★ 真剣さと遊び心の両方を活かして活躍する

★ ニュートラルな視点を持つ

★ 人との縁を大切にする

★ 願いを叶える力が強い

→P.119ページへ

あなたご自身やお相手のタイプは
わかりましたか？

それではより詳しく
それぞれの性格をみていきましょう。
エレメントごとの相性も書いていますので
参考にしてみてください。

パッション——火

ELEMENT

火

パッション

燃える炎のように
情熱的でパワフルな気質

PASSION

パッション（火のエレメントが多い人）

【特徴】

◆燃え上がる火のように情熱的に行動する自由人

火のエレメントが多い「パッション」の人は、直感にすぐれており、ひらめきを形にするべく動き出す力があります。

旅先などで気に入った場所を見つけたら、その場所で過ごす時間を増やすべく人生設計を変えることも厭《いと》いません。

自分の心を動かすものに出会えば、それを日常に取り入れられるよう手を尽くします。そうやって好きなものを手にするために突進していく力があるのです。

このタイプの人は思い切りがよく、「0」から「1」を生み出すことが得意です。そのため、新発見をして先駆者となったり、起業家として成功したりする人も多いようです。

アスリートや冒険家、教師、医師といった、情熱的な気質を活かせる職業についている人もたくさんいます。


とりわけアスリートは「パッション」の確率が高く、オリンピック選手やプロスポーツ選手などを見てみると、このタイプの人がめずらしくありません。

自身の中に燃え盛る火のエネルギーを、スポーツに注ぎ込んでいるのです。


「パッション」の人は、もともとの運動能力の高さに加えて、「周囲と競り合う状況で勝利を掴みたい」という負けず嫌いな気持ちがあります。

また、向上心を持って自分を追い込むストイックさもあるため、スポーツで結果を出す人が多いのかもしれません。


プレイヤーとしてだけではなく、観客としても大いに熱狂するのがこのタイプ。

スタジアムを訪れて現場で一体感を味わいながら応援するのがもちろん好きですが、

リモート観戦であっても変わらず熱が高まります。

◆毎日100%のエネルギーを使い切る

たくさんの人が集まるノリのいいパーティーなどで、楽しく盛り上がりたい。自分もその場を盛り上げて、みんなを楽しませたい。

そんな気持ちが強い傾向があります。

初対面の人ばかりが集まる交流会であっても、臆することなく出かけていって、いろいろな人と交流することができます。活気がある場所にいると、どんどんアドレナリンが出てきて、ワクワクした気持ちにもなれるし、パワーが湧いてくるようです。

静かなカフェでゆっくりとひとりの時間を過ごすよりも、賑やかな場所で人と過ごすほうが好きなのです。

そのおかげで、意気投合できる人との出会いにも恵まれます。

人と人が出会えば化学反応が起こり、新たな展開が生まれます。そんなチャンスを手にしやすいのも、このタイプの人の特徴です。

ただし、そんな出会いの魅力を知っているからこそ陥りがちなのが、場を盛り上げようとして頑張りすぎてしまうこと。サービス精神を発揮して、周囲を楽しませようと無理をすることがあるのです。


これは、相手に関心があるときだけではありません。

たとえば、友人に紹介された相手を前にして、たとえ相手に好意がなかったとしても、楽しませようと頑張ってしまう。一生懸命に明るく振る舞って場を盛り上げようとしてしまう。そんな傾向があります。


人が集まっているときの空気感というのは、賑やかに盛り上がっているのもいいものですが、穏やかだったり真剣だったりするのもまた、いいものですよね。

このタイプの人の場合は、若いときには特に「盛り上げなければ」と思いがちなところがあります。しかし、年齢を重ねるにつれてその思い込みは落ち着いていき、火のエレメントの影響が控えめになっていく人も多いようです。

このタイプの人は毎日100％のエネルギーを使い切ろうとするため、限界を超えて余裕がなくなることがあります。

しかし、そんな自分の性質がわかってくると、力を制御して80％のエネルギーで過ごせるようになっていきます。すると、余力を残した状態で日々のタスクに取り組めたり、穏やかな時間を過ごせたりするようになります。

100％の力で飛ばしていくのも好きなので全力投球する日もつくりつつ、疲弊しないように自分をコントロールできるようになるのです。

◆とにかく行動！　見切り発車もこわくない

「パッション」の人は、ひらめきを行動に移すエネルギーにあふれています。

それはもちろんこのタイプの人の長所に違いないのですが、場合によってはネガティブな結果を招くこともあります。熱意と衝動が強すぎて見切り発車になり、痛い目をみることがあるのです。

「0」を「1」にすることが怖くないこのタイプの人は、失敗をおそれません。

他のタイプの人から見ると「もう少し冷静に検証してからのほうがいいのでは？」と

思うような状況でも、実行に移してしまう突破力があります。「失敗したら、もう一度やり直せばいいよね」と軽く考えてしまうのです。

このタイプの起業家の人に創業時の話を聞いてみると、「ひとまずやってみようと思って起業したんです。もしもダメだったら他の仕事をしてもいいわけですしね」というように、楽観的で気負わないエピソードがたくさん出てきます。

失敗して痛い目をみることもありますが、挑戦する機会も多いので必然的に成功できる可能性も高くなるのでしょう。

そんなふうに無鉄砲で極端なところがあるこのタイプの人は、まるでジェットコースターに乗っているような激しい人生を送ることがあります。

借金を抱えたどん底の状態から、未経験の分野で稼ぎ出す。「パッション」の人の中には、そんなふうにアップダウンが激しいサクセスストーリーを生きている人が多い傾向があります。

このタイプの人は、基本的に自分が大好きです。

熱意を持って取り組んだことが成果につながると、誇りを感じて大切に心にしまっておくようになります。

そして、人が集まる場所ではサービス精神を発揮して、そうした成功体験を話すようになります。熱い気持ちで逆境をくぐり抜けた経験談を口にしていると、自然と熱がこもりますから、周囲から見てみれば「武勇伝を語っている」と思われることも多いでしょう。

【開運のためのアクション】

◆自分だけでやろうとせず仲間の力を求める

火のエレメントが強く作用するこのタイプの人は、突破力があります。

そのため、思いついたことを勢いで行動に移すことがあります。

しかし、未開の土地を大胆に開拓しようと思うなら、ひとりの力では足りません。

自分にはない能力を持った仲間と力を合わせ、計画的に、そして継続的に取り組んでこそ成功につながります。特に、土のエレメントが強く作用して堅実さや慎重さが際立つ「アース」の人とタッグを組むと、思いを形にできることが多いようです。

このタイプの人に必要なのは仲間の力を借りること。「ここがわからないから教えてくれる?」と周りに対して甘えられる力のバランスの良さが大切になるでしょう。

そして、仲間のおかげで自分の成功があるのだということを意識して、感謝の気持ちを忘れないことです。

失敗をおそれず行動し、失敗から学ぶことができるタイプですから、ひとりで試行錯誤するうちに成功をつかめることもあると思います。

しかし、それでうまくいくことばかりではありません。あれこれ手を尽くしてみてもうまくいかないとき、仲間の力を借りてみてくださいね。

このタイプの人は、人がたくさんいる場所で楽しく過ごすのが大好きです。どんなときでも、仲間から誘いがあれば断らずに顔を出すノリの良さもあります。

そのため気がつけば、ひとりで静かに休む時間がなくなっていることがあるようです。

そこで忘れないでほしいのは、日々の生活に余白をつくること。

スケジュール帳に予定を書き込むとき、活動の予定だけではなく休息の予定も書き込むようにしてみてください。そして休息の時間には、ひとりで十分に体を休めましょう。仕事や家事などの「やるべきこと」が気になっても、そのタイミングだけは確実に休む。そうすることで飛ばし過ぎがちな心が静まると、落ち着きが生まれてくるはずです。

◆無理しない自分のままで心満たされる関係を

いつでも相手を楽しませたくて、場を盛り上げてしまう。

相手に対して好意がないときでさえ、楽しませようとして頑張ってしまう。

人と関わることが好きで、「人を楽しませたい」というエンターテインメント精神があるこのタイプの人は、それゆえに人間関係に疲弊してしまうことがあります。場を盛り上げる行動によって相手に楽しんでもらえば、それは本望。しかし、楽しさを感じた相手がその状態を常に期待するようになると重荷になってきます。

燃え上がる炎のように熱さのある振る舞いをずっと続けるのは困難です。その熱さはあくまでも、一過性のものだからです。

「熱い人としての振る舞いを期待されているのではないか」というプレッシャーは、このタイプの人を極端な行動に追い込みます。

中には、相手から連絡がきても無反応を貫いて、関係の自然消滅を狙う人もいます。開け放っていた心のシャッターを、突然おろしてしまうのです。


そうした展開を避けるためにも、このタイプの人におすすめしたいのは、ありのままの自分を相手に見せていくこと。

楽観的に振る舞っている人の中にも、悩みや苦しみがあります。明るく元気に振る舞えないときだってあります。

そんな自分を、まるごと受け止めてくれる相手を見つけられるといいですね。


楽しいノリで盛り上がれる関係は、もちろんすばらしいと思います。

しかし、そうでなければ関係が悪いということはありません。言葉もなく静かな時間を共有しているだけで心満たされる関係もあります。

無理をせずありのままの自分とつながれる人と、長く深く関係を築いていきたいもの

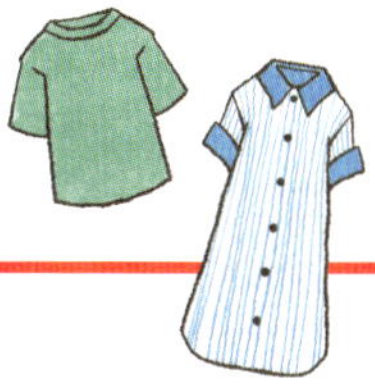

です。

【ファッション】

◆顔をよく覚えてもらえるビジュアル面の才能

「パッション」の人は、天性の引き立て運やモテ運があるため、視線を浴びる機会が何かと多くなります。その影響もあるのか、容姿やルックスを気にしやすいという特徴があります。

また、キャラクターが際立っていたり、ビジュアル面で人目を引いたりといった大きな才が備わっています。

このタイプの人は、外見の中でも特に首から上を気にする人が多く、顔のパーツや髪へのこだわりは5つのエレメントの中でもトップでしょう。

そして、このタイプの人が目指すビジュアルは、流行の顔や正統派の美形などではありません。なによりも「自分の好みが最優先」だからです。

「パッション」の人は、顔をよく覚えてもらうことができます。たとえば、まだ一度しか訪問していないお店なのに常連さんのように対応してもらえたり、宿泊先などでお部屋をアップグレードしてもらえたりということも多く体験するでしょう。

また、ルックスを重視するこのタイプの人は、あなたの好みを理解してくれる美容師さんやスタイリストさん、信頼する皮膚科の医師などを見つけると、長いお付き合いになることが多いでしょう。理想の自分へと近づけてくれる理解ある専門家は、このタイプの人にとって心強い味方になってくれます。

顔や髪などの見た目を磨くのが好きな「パッション」の人ですが、ファッションのことになると、少し無頓着になりがちな一面もあります。

このタイプの人は、服や物などをたくさん所有したいという欲が元々あまりないので、TPOに合わせて、なんとなく無難な服を選んだりすることが多いかもしれません。

このタイプの人におすすめなのは、カジュアルでスポーティーなスタイル。レギンス

やスニーカーなどを取り入れて、足腰が動きやすいようにするといいでしょう。
オフィススタイルにするときも、かっちりとまとめるよりも、シャツを少し着崩してラフなイメージにするほうが似合いそうです。
海外・国内を問わずリゾート地にご縁の深い「パッション」の人は、マキシワンピースや、背中が空いていてサラッと着られる洋服もおすすめです。

【食生活】

◆肉料理が多くなり崩れがちな栄養バランスを整えて

「パッション」の人は、火を燃え上がらせるようなお酒と、お酒に合う肉を好みます。「ビールと焼肉」のような、テンションが上がる組み合わせが好きなのです。

肉ばかりを食べることによって栄養バランスが悪くなり、コレステロール値が上がってしまうこともあります。

そうしたアンバランスさを改善するためにも、野菜や魚なども取り入れつつ、バリエーションに富んだ献立を心がけるといいでしょう。

特におすすめなのは、パクチーなどの香味野菜や、ターメリックなどの香辛料。エスニック料理などによく使われるこれらの食材は、このタイプの人の好みにも合っていますし、デトックスを促す作用を期待することもできます。普段の料理にプラスして、少しあしらってみるのもいいですね。

また、良質なオイルを摂取するのも効果的です。アマニ油やエゴマ油、バージンオリーブオイルなどを、サラダにかけて取り入れてみるといいでしょう。

脂がのったお肉が好きな人は多いので、そこに含まれる油分は過剰に摂りすぎないようにしてほしいのですが、オメガスリーなどを含む良質な植物オイルはぜひ、意識的に取り入れてみてください。

そのほかの注意点としては、塩分の摂りすぎがあります。味の濃いものを好む傾向があるので、塩分過多になりやすいのです。

ラーメンのスープを最後の一滴まで飲み干す人も多いようですが、できれば控えてください。塩分を摂りすぎないよう、普段から少しずつ気遣うことで体の状態も整っていきます。

【体のケア】

◆「確実に休む時間」をつくって疲れをリセット

足腰が強いこのタイプの人は、その良好なコンディションをできるだけ保っていきたいという意識があります。

そのため、足腰の不調は特に気になりますし、一刻も早く何とかしたいと考えます。そうした状況にならないように、普段からメンテナンスをしたり、「老後も歩ける体でいたい」という思いでウォーキングなどを続けたりしている人もいます。

ただしそれでも、思いがけない不調に突然襲われることがあります。ストイックな性格のため、夢中になって何かに取り組んでいると、体のＳＯＳサインに気づきにくくなります。その結果、ぎっくり腰などで体が動けなくなるまで走り続けてしまうことがあるのです。

33ページでも少しお伝えしましたが、そうした状況を避けるためにも、スケジュール

には余白を設けておくことをおすすめします。「確実に休む時間」をスケジュールに組み込んでおくのです。

そうして設けた休み時間には、友達と遊びに行ったり、たまった家事をこなしたりするのはNG。その過ごし方では活動量も多く休んでいることになりません。

具体的なプランとしては「家事や仕事などを一切せず、ただ昼寝をする」「マッサージの予約を入れて2時間施術してもらう」などが適切です。

活動的な「パッション」の人には抵抗があるかもしれませんが、そうしたオフの時間を確保することが、心身の疲れをリセットして健康を保つことにつながります。

【チャクラとの対応】

◆情熱や自己表現力などと関わる第3チャクラ

火のエレメントは、みぞおちのあたりに位置する第3チャクラ「マニプーラ・チャクラ」と対応しています。

このチャクラが活性して整った状態にあるとき、情熱や自己表現力が高まります。また、力が弱まり整っていないときには、自信が持てなくなったりエゴが強くなったりするといわれています。

会陰《えいん》に位置する第1チャクラと、へその下あたりに位置する第2チャクラ、そして、胸に位置する第4チャクラは、いずれも女性的なエネルギーと関わっていますが、この第3チャクラについては男性的なエネルギーと関わっています。

第3チャクラの活性によってアクティブな変化が見られるのは、周辺のチャクラと比べて男性的なエネルギーが強いせいだといえるでしょう。

【2025〜2029年の運気バイオリズム】

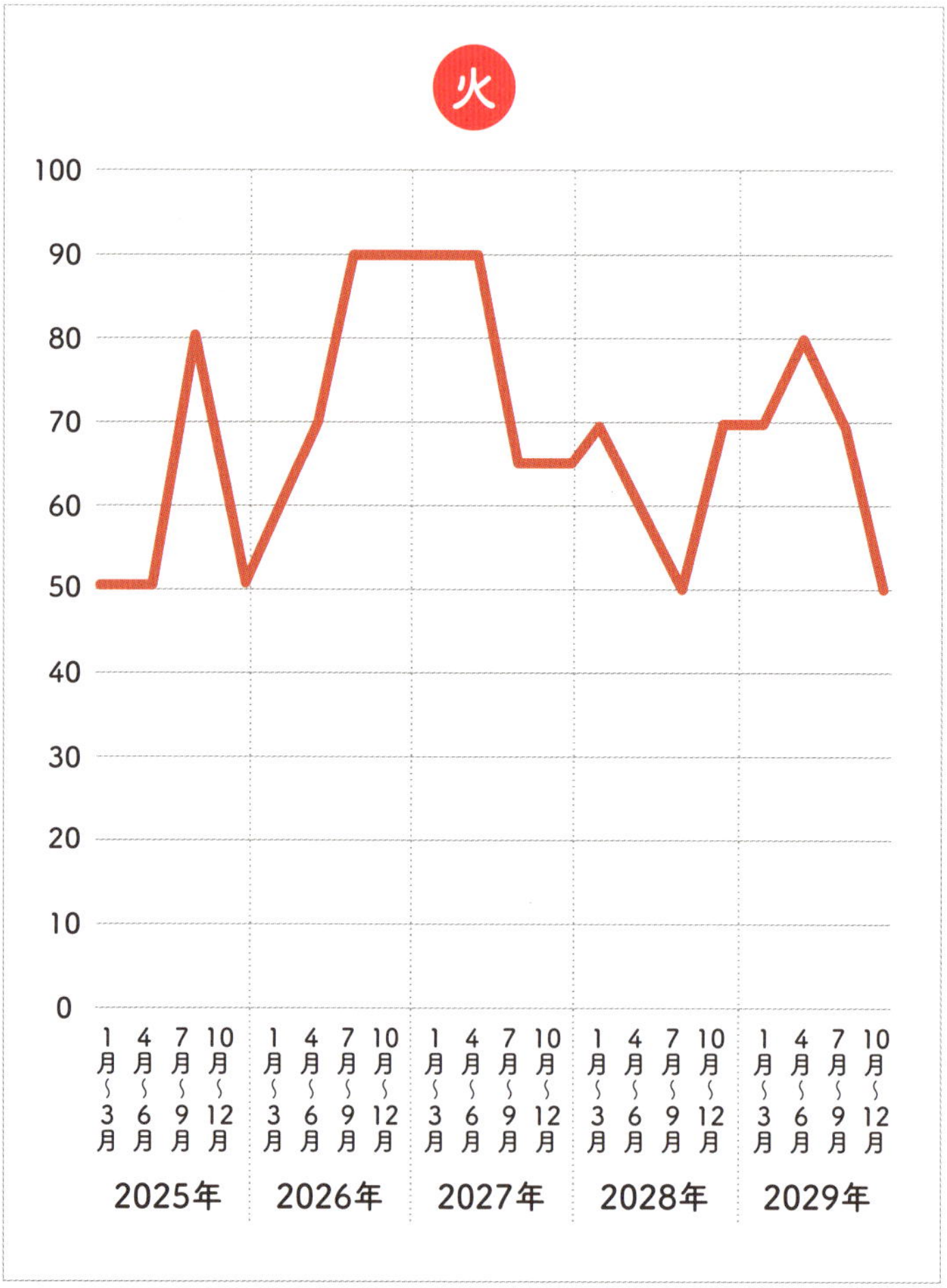

「パッション」の人は、2026年7月〜12月中旬まで今まで見たことがない世界が開けます。ここは頑張りどころ！ 無茶なこともできちゃうような運気です。 2027年は、2026年下半期に走った恩恵を得られそうです。

◆パワーを温存し、一気にブレイク！ 人生が大きく動く

人生を大きく動かす選択をする期間になりそうです。

2025年6月までは、活動的なこのタイプの人にはめずらしく原点回帰をしたり、大切にしていきたい物事に対して、黙々と向き合うときです。

その後、7月頃からは少しずつ開放的なムードが漂いはじめます。

思いがけず飛び込んできたチャンスを掴み、新たなチャレンジによって成果をあげたり、子どものように無邪気に遊んだりできる楽しい期間です。

そして迎える2026年7月からの1年間は、人生を大きく動かす決断をすることに。

これまで経験したことがない環境に身を置きたいと思うようになり、海外など遠方に移住することを決める人もいるかもしれません。仕事の内容や働き方をガラリと変える人もいるかもしれませんね。

とにかく、その後の人生に大きな影響を及ぼす大胆な決断をするのです。

この時期には、たくさんの人と交流したいという思いも高まります。ワクワクするよ

うなイベントが続き、新たな出会いから刺激を受けることも増えるでしょう。

そんなアクティブな流れが落ち着いてくるのは、２０２８年7月頃。自分のエリアにとどまって静かに環境を整える期間になりそうです。

前年の大きな決断によって到達した新たなステージを整えたり味わったりするために、ゆっくりと過ごす人が多いでしょう。

そうした時間の中で少しずつ、「次に何をしたいのか」に思いを巡らせ、具体的な構想を練るようになるかもしれません。

ちなみに、この時期に生まれる構想はこれまでとは一味違ったものになる可能性があります。

「何でも自分でやりたい」と思いがちなこのタイプの人にとって、あまり得意とはいえない「委ねる」ことが必要になるからです。

「自分の力だけではどうにもならない」と感じて、焦りを感じることもあるかもしれません。

そんなときは、誰かを頼ったり流れに身を任せたりして委ねていくことで、より良い未来にたどり着けるはずです。

アース

土

ELEMENT

土

アース

樹木のような安定感
豊かな世界観を持つ

EARTH

アース（土のエレメントが多い人）

【特徴】

◆どこまでも広がる大地のように揺るぎない

土のエレメントが多い「アース」の人は、土の中にぐんぐんと根を伸ばす樹木のように、着実に足場を固めていく力があります。

「アース」の人にとって、何よりも大切なのが安定感と安心感。「いつもと同じ」とか「確実にうまくいく」とか、変えないことが良いことで、いつもの選択が最高だと感じる傾向があります。

そんなあなたには、とっておきの長所があります。それは、ひとたび「こうする」と決めたことを、最後までやり抜く意志の強さ。

たとえば、誰もが無理だと思うような困難な仕事であっても、ひとたび「なんとかする！」と決めたなら達成に向かって着実に進んでいきます。

どんなトラブルがあっても、途中で投げ出すことはありません。自分がやるべき仕事を愚直にやり通すパワーを秘めており、それゆえに周囲の人たちから「特別な存在」と思われているのです。

ただし、そんな「アース」の人も、未知の世界に飛び込むことは苦手です。5つのキャラクターの中で、最もこわがりな一面も。

想定外の展開に対応しなければならないときや、新しい何かに挑戦するときというのは、誰でも感情が動くものですよね。ワクワクする人もいれば、不安で胸がいっぱいになる人もいます。いろいろな感情が入り混じって複雑な思いを味わう人もいます。

そんな場面において、このタイプの人が味わいやすいのは「変わるのはこわい」という気持ちです。

何が起こるかわからない。どんな気持ちになるかわからない。そんな状態に恐怖を感じて躊躇《ちゅうちょ》しがちなところがあります。

しかしこれは、決して悪いことではありません。こわいと感じるからこそ慎重になり、その結果、足を踏み外すことなく進んでいけるわけですから。

つまり、このタイプの人たちの有能さのあらわれともいえるでしょう。

「アース」の人は、挑戦したいことが見つかったとしても、勢いで行動に出ることはありません。まずは、先駆者のエビデンスを集めて検証に入ります。

経験者の話を聞いたり相談に乗ってもらったり、SNSで情報を集めたり……。そうするうちに「私もうまくやれるはず」と思えたら、一歩を踏み出す。石橋を叩いて渡るタイプなのです。

検証するのは、それだけではありません。

その挑戦によって「自分は何を得られるのか」ということも把握しておきたいと思っています。適正な報酬が約束されているのか、将来的に役立つスキルを身につけられるのかといったことは、とても重要なポイントです。

◆安心感のある生活のために確実な道を選ぶ

安定を求める「アース」の人は、お金に大きな価値を感じています。他のタイプの人よりもずっと、お金に対する思いが強いのです。

人生において、何があれば安心できるのか。

その答えは人それぞれですが、多かれ少なかれ誰もがお金を必要としていることでしょう。中でもこのタイプの人は、お金の力を強く信じて頼りにしています。

とりわけ貯金好きな人は、とても多いようです。手持ちのお金が少なくなると不安定さを感じて落ち着かなくなるので、コツコツと貯金を頑張っています。

投資のように少しでもリスクがあることには手を出さず、確実な道を選びたいという思いから貯金を選択する傾向もあります。

たとえば主婦の方の場合は、倹約に力を入れる人が多くみられます。限られたお金の中でやりくりをすること、できるだけお金をかけずに楽しく過ごすことを重視しています。

子どもの場合は、お小遣いやお年玉をできるだけ使わず、とっておくタイプが多いようです。

「経済的な不安を感じたくない」という気持ちは、仕事選びにもあらわれてきます。弁護士や税理士といった士業に就いたり、大企業に勤務したり公務員になったりして、安定した収入を得たいと思う傾向があります。安泰感がある生き方を願っているのです。

実家や地元とのつながりが強いことから、土地を所有している人も多いでしょう。サロンなどの「場所」を持っている経営者もいます。

このタイプの人が安定や安心だけで職業を選ばず、才能を活かそうと思うときには、目に見えるものや手に取れるものを扱うスペシャリストになるとうまくいきます。建築家や写真家、料理研究家などもいいですし、華道や茶道、書道といった「道」を追求するのもいいでしょう。文化・芸術や、美容・健康の分野で才能を発揮します。

◆慣れ親しんだ環境を愛する

安定感を求める傾向は、住む場所にも反映されています。

たとえば、実家や地元に住み続けている人が多いのもひとつの特徴です。住み慣れた場所から離れることに抵抗を感じやすく、結果的にずっと同じ場所に住み続けることになります。

実家ではなくても、同じ家に長年住み続けている人は多いですし、引っ越しをするとしても生活圏が変わらないよう同じエリア内に新居を構える人もいます。

どっしりと安定した基盤を築き、慣れ親しんだ環境で安心して生きていきたいと思っているのです。

また、同じ家に住み続けたいというだけではなく、家の中のものにこだわり、長く使い続けたいという思いもあります。

良いもの、本物、エターナルな価値のあるものを手に入れることができる人でもあり、それを愛でる喜びを大切にしています。

長年に渡って住むことをイメージしているからこそ、住環境を整えて居心地良くしたいという気持ちも強いのでしょう。インテリア選びなどには妥協しない傾向があります。

このタイプの人は、インテリアに限らずあらゆるものを長く大切に使います。ものと一緒に、ものに刻み込まれた思い出も大切にしているのです。

【開運のためのアクション】

◆豊かな自分の世界観で城を作る

このタイプの人たちは、大きな変化を起こすことを望みません。それは、「今の状態に満足している」という意味においては、すばらしいことです。

すでに手に入れている幸せに目を向けることができず、不満ばかりを感じているのは残念なことですよね。その点、土のエレメントが多い「アース」の人は、自分の幸せにしっかりと目を向けることができます。

自分と誰かを比べることもありません。「私は私で幸せに生きている」という自信を持っています。このタイプに、柔らかで優しい印象の人が多いのはそのせいでしょう。

幸せだから変わらなくていい。現状のままで十分。

そうした気持ちゆえに、夢や大きな目標を持つことにあまり興味がなかったりします。夢や大きな目標を持つことは、今とは違う未来に向かうこととイコール。変化を想定した行動をとることが求められるからです。

ですからこのタイプの人は、現状を無理やり変えるべく自分を追い込む必要はありません。

とはいえ、何から何まで現状維持では、時間とともに窮屈に感じる部分も出てきます。無理のない範囲で試しにもう少しだけ気楽にやってみるといいでしょう。そんなふうに試してみることが、あなたに奇跡みたいな展開をもたらしてくれるのです。

たとえば、いつものメイクをほんの少しアレンジしてみるだけでもかまいません。いつもとは違うお店にフラリと足を運んでみたり、いつもとは違う道をなんとなく歩いてみたりするのもいいでしょう。

現金でのお買い物派でしたら、お財布を持たずにカード1枚とスマホだけを持ってフラっと出かけてみるのも、いいでしょう。ささやかなことと思われるかもしれませんが、そうした変化をきっかけに人生が動き出していくことがあります。

普段は堅実で、「この予算はこれくらいだな」という計算を自然としているでしょう。でも、時々、あなたの目の前に「計算ができないような、秘めたる魅力を持ったもの」が出てくると、お金とかそういうことはもう関係なく、「これに賭けてみたい！」と思うことがあります。

そんな魅力を感じる〝もの〟を見つけて、その世界観を反映した自分の城を作ることにフォーカスしていくと一気に運気が開けていきます。

安心・安定をもとめて、保険をかける生き方を少し横に置いて、どうやったらこの地球で〝豊かな経験・楽しい体験〟ができるのかに視点を置いてみる。

ラグジュアリーに行くもよし、ゴージャス三昧もときにはよし。

「アース」の人が生まれ持つ、富・豊かさのアンテナをフルに使って、思いきり五感を満たして堪能していってくださいね。

◆「何の役に立つの？」と思うことが宝物になるかも

何かをはじめようと思ったとき、行動に移すかどうかの判断基準は人それぞれです。「アース」の人の場合、それが「役に立つのか」という基準になることが多いようです。労力に見合った報酬が得られるのか。将来の自分にとって、有益なスキルが身につくのか。そうした視点で厳しく見極めたうえで、「役に立つ」と判断したことを行動に移しているのです。

このタイプの人のこうした慎重さは、安定感がある幸せな人生につながります。とても大切なことですから、ぜひ見習いたいものです。

ただ、「アース」の人たちがより大きな幸せを手にするために、あえておすすめしたいことがあります。

それが「何の役に立つの？」と思うことへの挑戦です。

仕事に必要がなくても、車の免許を取って車を買ったり、船舶ライセンスなどを取ってみるのも良いでしょう。

時間やお金がたくさんかかるような壮大な挑戦ではなくても、もちろん構いません。

たとえば、月に1度でもいいので楽器を習いに行ってみるのはいかがでしょうか。その楽器で生計を立てることを視野に入れるわけでもなく、仲間との関わりからビジネスチャンスを掴む思惑なんかもなく、「ただ楽しむ」ために楽器を習うのです（習うのはもちろん、他のものでもかまいません）。

ひとり旅に出てみるのもおすすめです。できることなら、ちょっと贅沢なプランを味わってみるといいでしょう。

「近場で1泊するだけで十分だよね」と節約モードになるよりも、1週間ほどお休みをとって、のんびりと非日常を味わうほうが良い刺激になります。

何の役にも立たないようなことを、軽いノリでやってみる。趣味としてやってみる。このタイプの人の中には、そうした行動が苦手な人も多いことでしょう。「はずかしいから」「こんな年齢だから」と、躊躇しなくていいのです。「何の役に立つのだろう？　わからないけどやってみよう」と、ちょっとだけトライしてみれば、その行動が人生に動きを与えて、結果的にものすごく役に立つこともあるのです。

◆副業をはじめればお金も人間関係も動き出す

同じ職場で働き続けることが多く、しかもお金に大きな価値を見出す「アース」の人の開運アクションとしてぴったりなのが、副業です。

いつも通りの給料を受け取りながら、プラスアルファでお金を手にすることができる副業は、安心と安定を求めるこのタイプの人にも挑戦しやすいはず。必ずしも大きな収入を目指す必要はなく、月に数千円でも数万円でもいいので目標にしてはじめてみるといいでしょう。

もちろん、はじめからうまくいくとは限りません。

情報を得るために動く必要もありますし、新たな人間関係もはじまりますから、環境を変えたくないこのタイプの人にとっては、試練のように感じられることもあるかもしれません。

しかし、そうしたちょっとした試練が、固まった土を耕すような効果をもたらして、人生にほどよいゆるやかさを与えてくれるはずです。

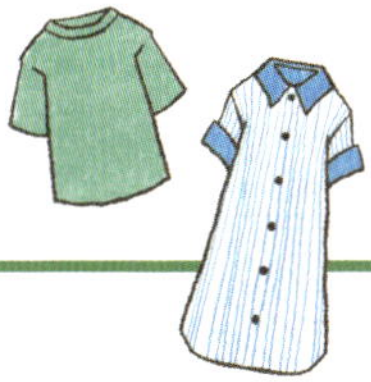

まわりの人たちから信頼されているこのタイプの人は、これまでに積み重ねてきた経験を買われ、仕事の依頼を受けることもあるかもしれません。

培ってきたスキルや経験を活かし、さらに力を伸ばしていけるような副業をすることで収入も増えていくでしょう。

良い意味で「巻き込まれやすい」性格をしているため、仕事でもプライベートでもいろいろな人に巻き込まれ、仕事のチャンスにも恵まれるのがこのタイプの人の特徴です。巻き込まれてその流れに乗っていくうちに、新たな扉を開くことができるのです。

さらなる展開を願うなら、いつもよりも少しだけ勇気を出して大胆な手を打ってみてください。その挑戦が、副業を成功に導いてくれるはずですよ。

【ファッション】

◆無難さから脱出！　遊び心があるスタイルに挑戦

変化を好まないこのタイプの人は、ファッションにおいても「いつもと同じ」を続ける傾向があります。流行を気にすることなく、自分が好きだと思ったものを選択し続けるのです。

派手なものや露出が多いものではなく、無難なものを選びがちなのも特徴です。ロングスカートは、このタイプの人がよく選ぶアイテムのひとつといえるでしょう。

そのほかの特徴としては、白・黒・赤のファッションアイテムを好むということ。自己主張したいときには、無意識のうちにその中から赤を選ぶことが多くなります。

そうした特徴を持つこのタイプの人におすすめしたいのは、ほんの少しでもいいので「いつもと違う」スタイルに挑戦してみること。

たとえば、肌を適度に露出するスタイルは、このタイプの人の魅力を大いに引き出してくれます。ロングスカートではなく、ときに膝丈のスカートを選んだり、首やデコルテを覆い隠さないトップスを選んだりするときれいに見えるでしょう。

ネックレスやチョーカーなどをあしらうと、首やデコルテの美しさがますます際立ち、目を引くようになります。

ファッションアイテムの色味は、白・黒・赤というハッキリとした色合いのものは確かに似合うのですが、異なるものも取り入れてバリエーションを出してみると、隠れていた魅力が引き出されるかもしれません。パステルカラーなど、ふんわりとした印象の色合いにも挑戦してみると良さそうです。

デザインについても、スタンダードなもの・シンプルなものを好みますが、ときには遊び心があるアイテムを選んでみるのもいいものですよ。

【食生活】

◆異国の料理も楽しんでみる

変化を望まないこのタイプの人は、食生活も固定しがちです。一度食べてみて「おいしい」と感じたものを、ずっと食べ続けるのです。

たとえば、朝食はごはんとおみそ汁がいいと思ったら、その日の気分でパンとスープに変えるなんてことは、ほとんどありません。

定食屋さんで注文をするときも、いつものメニューを選びます。日替わり定食を選んで「いつものメニューのほうがおいしかったな」とがっかりするのは嫌ですから。

できるだけ失敗する可能性が少ない、成功率が高い方法で食事をしたいのです。

食材で言うと、白米や根菜類、山菜類、キノコ類などが好みの人が多いようです。これらに共通する特徴は、土に根をはる食材だということ。これらの食材は、土のエレメントが多い「アース」の人の特性を強め、さらなる安定感をもたらしてくれます。土に根をはるもの以外では、ゴマ類や海藻類、ナッツ類も相性がいいですね。

そのほかの傾向としては、日本独自の食材や料理が好きです。

たとえば、白米を炊いたごはんとおみそ汁、納豆といった定番の献立は、このタイプの人にとって安心感があります。副菜としては、ゴボウやレンコン、ニンジンといった根菜を使ったきんぴらは、食材も好みのものばかりですし、日本の家庭料理として馴染みが深くて好まれやすいようです。

このような食事は「地に足をつけて人生を歩んでいきたい」と思う時期には、とても効果的に働きます。このタイプの人が持つ特性をさらに強め、安定感のある過ごし方ができるよう背中を押してくれるはずです。

しかし、もしも「これまでとは違った生き方をしてみたい」「変化を受け入れていきたい」と感じているのなら、食生活を少しアレンジしてみてください。

和食ばかりではなく、エスニック料理やスペイン料理といった異国の料理を食べてみるのもいいでしょう。

そのほかには、主食を白米以外のものに変えてみることをおすすめします。

玄米を食べたり、キヌアなどの雑穀をブレンドして食べたりするのもいいと思います。

小麦粉を使った料理をよく食べる人であれば、グルテンフリーの食事に変えてみると体調がよくなることが多いようです。

もっとささやかな変化がいい場合は、薬味を取り入れるというのもひとつの手。ワサビやショウガ、大根おろしなどを料理に添えてみてください。

人生を動かしていきたいと思うときに、薬味による刺激は食べる人の背中をそっと押してくれます。ほんの少し取り入れるだけでパワーを与えてくれると思いますよ。


自分へのご褒美になるような食べものもいいですね。

堅実な性格ゆえに上等なものを選ぶには勇気がいるかもしれませんが、そこは思い切ってちょっと贅沢をしてみてください。

高級なチョコレートや、特上のお肉を買ってみるのもいいでしょう。特別な気分を味わえるご褒美を自分にプレゼントすると、それが開運につながることがあります。

【体のケア】

◆不調は「変化を起こすとき」が訪れているサイン

このタイプの人は、不調のサインが足腰に出やすくなっています。

たとえば、足がむくむというのもひとつのサインです。足が少し張る程度ですむこともありますが、ひどいときには、いつもの靴に足が入らなくなったり、足が痛すぎてうまく歩けなくなったりすることもあるようです。

腰に変化があらわれる人は、腰に痛みが出たり、ぎっくり腰になったりします。

こうしたサインの中には、治療を受けても根本的な解決につながらないものもあります。なぜならこれらの不調の中には、人生を変化させるタイミングで、その変化を起こせていないことが原因となって起こるものが少なくないからです。

変化するべきタイミングで現状維持を続けていると、そのうち心身が悲鳴をあげはじめます。

「変わらなきゃいけない。それは分かっているけれど、どうしても変わりたくない」。そんな思いを抱えて変化を拒んでいると、足腰が不調のデパートになってしまう人もいます。

そんなときは、足腰の治療やセルフケアをすると、負担が軽くなるかもしれません。医師による治療を受けたり、ひざ下・足裏などのセルフマッサージ、足湯などをしてみてください。

ウォーキングやスクワットといった足の運動を習慣として取り入れてみるのもいいですね。足腰を鍛えているうちに、負荷は軽減していきます。フットワークも軽くなり、変化を受け入れやすい状態に向かえるかもしれません。

ただし、こうしたケアはあくまでも、不調をやわらげるためのもの。それだけで足腰の調子が改善し、スッキリと元通りになるわけではありません。

なぜならこうした不調は、前述したように「人生に変化を起こすときがきている」というメッセージであることがめずらしくないからです。

ぎっくり腰などは分かりやすい例なのですが、どう頑張っても体を動かせなくなりますから、いつものやり方を変えざるを得なくなりますよね。これは、変わろうとしないその人のやり方を無理やりにでも変えさせるために、腰が動かなくなったと解釈することもできるでしょう。

そんな強硬手段を使ってでも、人生を変えていくときが訪れている。足腰はその状態を通して、重要なメッセージを送っているのかもしれません。

【チャクラとの対応】

安定感や安心感、信念などと関わる第1チャクラ

土のエレメントは、会陰に位置する第1チャクラ（ムーラダーラ・チャクラ）と対応しています。

このチャクラが活性して整った状態にあるとき、安定感や安心感、信念の強さなどが高まります。また、力が弱まり整っていないときには、変化をおそれたり頑固になった

りするといわれています。

私たちの体に7つあるチャクラの中で最も下部に位置するこの第1チャクラは、ケアをして整えていくことで、大地に根を張るような揺るぎなさが生まれます。大地と自分とのつながりを感じてグラウンディングするように、地に足がついた感覚を得られるはずです。

【2025～2029年の運気バイオリズム】

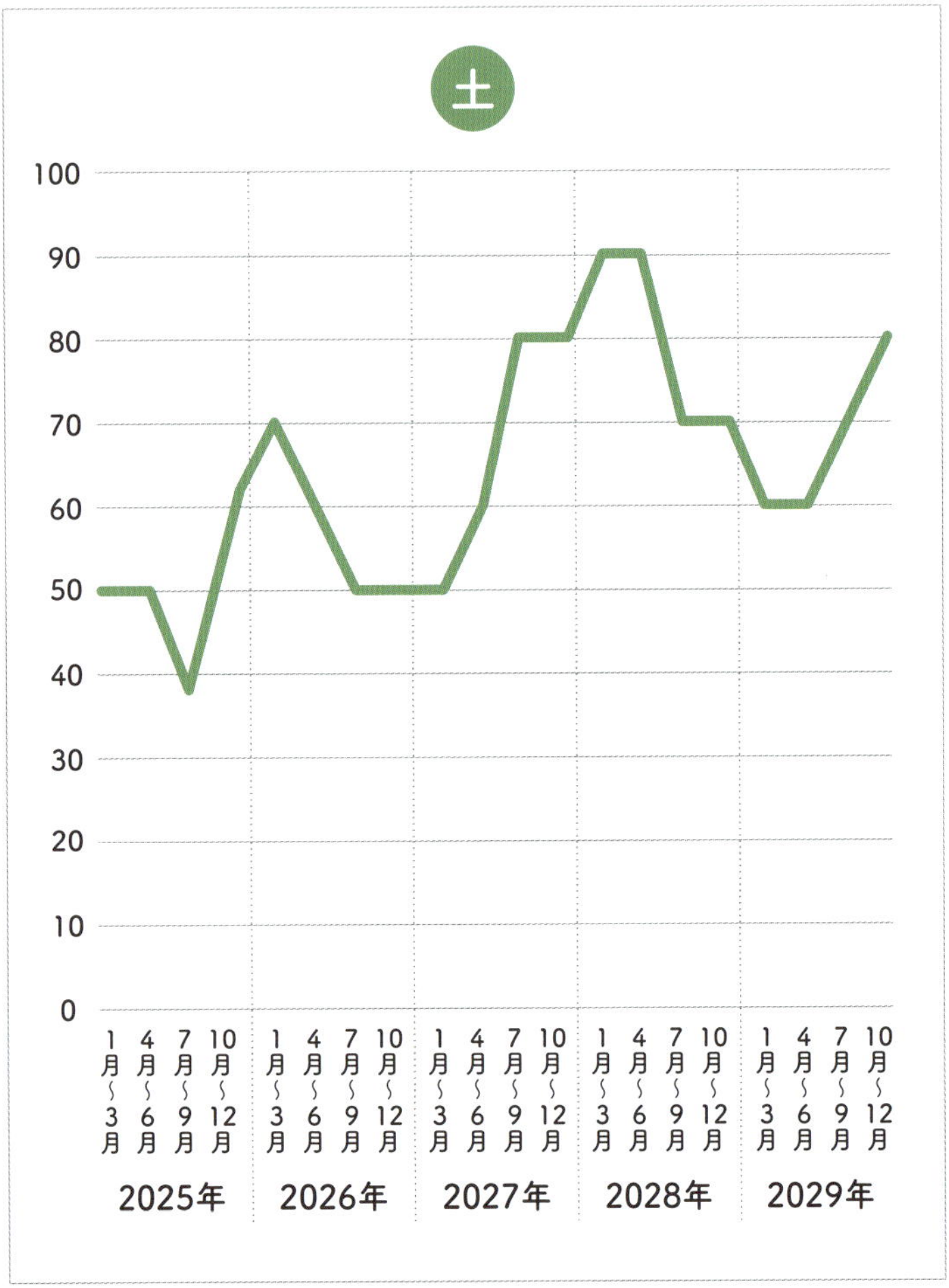

「アース」の人は、2027年8月～2028年7月、仕事でもプライベートの場面でも、手応えをどんどん感じ始めるでしょう。新しい目標に向かって進んでいける絶好調期です。

生き方のシフトチェンジ！　新しい自分の幕開け

これまでとは違う生き方をスタートさせる期間になりそうです。

土のエレメントが多い「アース」はこれまで、自分の力で確実に成し遂げられることを見極めてただただ懸命に取り組み、着実な成果を出してきました。

しかし２０２５年10月頃からは、その傾向に変化があらわれます。

まるで根っこを引き抜かれたようになり、身軽に動き出せるようになるのです。

この時期の「アース」は、世の中の流れに後押しされるようにして新たな道へと一歩を踏み出します。

定年まで勤めあげようと思っていた会社を退職したり、結婚の意志がまるでなかったのに本気の婚活をはじめたりと、人生が変わるような方向転換をする人も出てくるでしょう。

２０２７年7月頃からの約半年は、生き方を整えるのにぴったりな時期。

仕事を辞めたり離婚をしたりと、これまで大切に抱えてきた流れを良い意味でリセットする機会も訪れます。必ずしも精算がセットではありませんが、新たな一歩を踏み出し、決意・選択して今後に向けて環境を整えるようになっていきます。「理由は分からないけれど、全部辞めたい」「とにかく一度、すべてを手放して休憩したい」という気持ちになる人もいます。「何かがはじまる予感」を察知する人もいるはずです。

そんな流れを汲んで迎える2028年には、リセットによって生まれたスペースに新たなものがどんどん飛び込んできます。

思いがけない人からチャンスを与えられることも多く、めまぐるしい展開にうれしい悲鳴を上げることになるでしょう。

多忙な日々を送ることになるかもしれませんが、それも、自らの器を大きくするために必要な試練。この経験が生きるときが、いつか必ずやってきます。

自分が本当に取り組んでいきたいことは何なのか。どのような配分で時間やパワーを使って、それらに向き合っていきたいのか。この時期にとことん考えましょう。

そうすることで2029年以降は、穏やかながらも充実した日々を送れるようになりますよ。

ウィンディ

風

ELEMENT

風

ウィンディ

最先端の情報をキャッチし、
広く伝えていく

WINDY

ウィンディ（風のエレメントが多い人）

【特徴】

◆風のように軽やかに飛びまわり、あらゆる情報に触れて自分をアップデートさせていく

風のエレメントが多い「ウィンディ」の人は、型にはまらない柔軟性や創造性があり、トレンドを捉える情報収集力にすぐれています。

このタイプの人が重視しているもの。それは、頭の回転と人生のステージの回転の速さです。

時代の最先端に身を置きたいという気持ちや、そうした場所で得た情報を人に伝えた

いという強い気持ちがあります。

そのため、ＳＮＳを上手に使いこなしている人も多いようです。移動中もこまめにＳＮＳをチェックしていたり、ＹｏｕＴｕｂｅをバックグラウンド再生で聴きながら他のＳＮＳを見ていたりします。複数のアカウントを使いわけて、情報収集と投稿に勤《いそ》しんでいる人もいます。

好む話題は多岐に渡っており、最新のテクノロジーの情報や文化・芸能、身近な人の近況など、さまざまなトピックを積極的にキャッチ。そうして得た情報をアウトプットするのも大好きです。

また、自分が収集してきた情報や知識に自信を持っており、それをたくさんの人に伝えて喜んでもらいたい。驚いてもらいたいと思っています。

ときには、その気持ちが強くなるあまり、話を盛りすぎることも。「おもしろいことを言わなきゃ」と自分にプレッシャーをかけて、無理をしてしまうこともあります。

最先端の情報を扱うことに長けているため、先行利益を得るべく動くのも得意です。情報を得るのも得意なら、それを伝えるのも得意。情報を流すパイプとしてとても優秀なのです。

そうした特性を活かして、ＳＮＳで人気が出て仕事になる人もいるでしょう。ジャーナリストやインフルエンサー、アナウンサー、アドバイザー、コンサル、専門家といった職業に就いて活躍する人もいます。

ウィンディタイプの人の才能はそのほか、教育、旅行、文化・美術、ＡＩ関連、最先端技術などの分野で大きく発揮されます。そして、同じ場所で同じメンバーと働き続けるよりも、各所を行き来しながらいろいろな人と関わる働き方のほうが性に合っているようです。

◆心のままに単独でフラリと行動するのが好き

お金に対してはあまり執着がなく、貯金にもさほど興味がありません。

「お金は天下の回りもの」と考えているので、入ってきたら誰かに還元したり、最新機器を購入したりします。しかし、だからといってお金に困ることもありません。

お金だけではなく、ものに対しても同じような考え方なので、持ちものも少なくミニマリストのような暮らしをする人もいます。

そうした執着のなさは人に対しても同様で、ひとりきりでフラリと行動するのが基本になっています。協調性を求められる団体行動や、たくさんの人が集まるパーティーなどは、できれば参加したくないと思っている人も少なくありません。

旅行は基本的に、ひとり旅。綿密な計画を立てることはなく、ノープランで思いつくままに行動する方が好きです。気に入った土地を見つければなりゆきで延泊するなどして、そのときの気分で旅を満喫することもあるでしょう。

高級ホテルなどでリッチに過ごすより、独自路線の旅館や、個性が際立つ民宿や民泊といったカジュアルな宿泊先を選ぶことも多いようです。「気分にまかせて、行きたいときに行きたいところに行く」ことを重視しています。

住環境の好みにも特徴があります。

大きな特徴としては、早々に実家を出て一人暮らしをするなどして、地元を離れている人が少なくありません。

また、このタイプの人が好む場所として典型的なのは、都心です。

情報収集力に優れた人たちが出入りし、最先端の情報が行き交う場所に身を置きたい。

そんな思いが強いため、都会を好みます。また、低層階よりも高層階を好む傾向があり、高層マンションに住んでいたります。

引っ越しも多く、「国内外問わずいろいろな場所に住みました」という人も多いようです。各地を飛び回るのが好きで、あまり家にいない人もいます。

また、いつでも引っ越しできるように家具などをあまり持たず、スッキリしている人も多いです。普段は家の中の模様替えを定期的にしていたり、インテリアを変えるなどして常により良い住まいにアップデートするのも好きだったりします。

落ち着きたいなと思うときは、郊外や低層階などに住むと状況が変わることもあります。土に近い場所で暮らし、自然に触れながら過ごすことによって、安心感が出てくるでしょう。

◆「こうあるべき」にしばられない自由な発想が結果を呼ぶ

思いつきで行動に踏み切って、周囲を驚かせることも数知れず。後先を考えず、相手の都合も考慮に入れずに見切り発車で動き出してしまうことがあります。

しかし、だからこそ大きな成功を掴むことも少なくありません。他のタイプの人が躊躇するようなことでも、気負わず軽やかに挑戦して結果を出してしまうのです。

たとえば営業の仕事をしている人なら、周囲の人たちが「無理に違いない」と考えて手を出さなかった大物クライアントにアプローチして、さらりと契約をとってきたりします。

結果を追い求めすぎず、そして、深く考え込むこともない性格のおかげで、思いがけない成果を手にすることがあるのです。

また、引き際がいいのでしつこくアプローチを続けることはありません。「これは無理だ」と思ったらすばやく次の展開を考える切り替えの早さがあり、それもまた結果を呼び込む一因になっています。


2020年からはじまったとされる「風の時代」ですが、本格的にパラダイムシフトが起きるのは2025年以降と考えられています。

そこから約200年続く「風の時代」では、言うまでもなく風のエレメントが多い「ウィンディ」の人が大活躍することになるでしょう。このタイプの人たちのセンスが、時代を牽引していくのです。

もしも何か「やってみたい」と思うものがあるのなら、感覚にまかせてアンテナを張

ってみましょう。有益な情報が集まり、道がひらかれていきます。

このタイプの人は、ひとりでできることもたくさんあると思います。しかし、仲間の存在があれば、さらに難易度が高いことにも挑戦できるようになります。肩ひじ張ることなく築かれたフラットなつながりが、これまでにない展開を呼び込んでくれるはずですよ。

【開運のためのアクション】

◆少しだけ自分を「型にはめてみる」

「こうあるべき」にしばられない自由な発想力は、このタイプの人のすばらしい魅力です。

しかしこの長所は、ときに他のタイプの人から「思慮に欠ける」「飽きっぽい」と思われてしまうこともあります。

とはいえ、そうした周囲の声を聞き入れようと思って、自分を無理やり型にはめると息苦しさを感じるかもしれません。

気をつけてほしいのは、このタイプならではのゆるやかさやのびやかさを失わないようにすること。「この部分は譲れないから自由にするけれど、この部分は相手に合わせて型どおりにしてみよう」というように、自分らしさを保てるラインを見極めながら周囲との折り合いをつけていくといいでしょう。


苦しくならない程度に、自分を型にはめてみる。

それは、このタイプの人の生き方に適度な安定感を出すうえで、とても有効な方法です。

たとえば「縛られたくないから」という理由であえて結婚をしない人もいるのですが、自分たちに合う結婚の形を模索して伴侶を得てみると、ほどよい落ち着きが生まれ人生が好転することがあります。

結婚を例にとってみると、別居婚や週末婚をするという方法もあります。パートナーとともに二拠点生活をしてもいいですし、旅先でだけ時々合流するというのもいいと思います。

常識にとらわれることなく自分たちらしい形を探してみるといいでしょう。

このタイプの人は、人に対しても執着がないため、誰かと心を通わせる経験が少なくなりがちです。

結婚などによって「自分を型にはめる」と、心でつながれる関係を築きやすくなるため、良い流れになるかもしれません。

◆素直な思いを打ち明けられる相手を見つける

誰かから無償の愛を注がれ、その愛を全身で感じる。

そんな経験は「自分は愛されるに値する存在だ」という自信につながります。

しかしこのタイプの人は、愛情をうまく受け取れないことがあります。それが、心を通わせるコミュニケーションや、愛情を注ぎ合う関係の構築を遠ざけてしまうこともあるのです。

そこでおすすめしたいのは、胸の内を素直に打ち明けられる相手を見つけること。

このタイプの人は、情報のやりとりは得意なのですが、気持ちのやりとりはスムーズにいかないことがあります。そこで意識的に、素直な思いを打ち明ける機会を持つようにするのです。

相手は、家族や友人でも構いませんし、カウンセラーさんやセラピストさんを頼るのもいいと思います。ありのままの気持ちを話して受け取ってもらう経験が、人への信頼や愛情を育むことにつながっていくはずです。

お互いの気持ちを素直に話し合ってもいい。

誰かに愛情を注いでもいい。そして当然ながら、誰かからの愛情を受け取ってもいい。

自分に対してそんな許可を出せるようになれば、安定した人間関係を構築できるようになるはずですよ。

◆あなたは革新者。直感とセンスを活かして

「ウィンディ」の人は、全員が向いている方に面白さを感じません。天邪鬼なわけではないのですが、周りが当たり前に正解と思って進む方向に興味がわかないのです。

「10年後の未来を考えたらこっちじゃないよな」という直感で、ひとりで道なき道を進んでいくような人、それが「ウィンディ」。革新的な自分を信じていきましょう。

自分自身が、「もうこの感じは飽きた」とか、「これに新たな可能性を感じる」とか、直感で感じるセンスを活かして、そして、さらに磨いていく。自分が徹底的にワクワクするものや驚かされるもの、夢中になるがあまり静かに没頭してしまうものなどを選んでいってくださいね。

そして、その選んだものを伝えることに喜びを感じるこのタイプの人は、できるだけ鮮度の高い状態で話したい・伝えたいと思ったりします。

その結果、「伝えたい！」という思いばかりが募って、つい先走ってしまい、まとまりがない形のまま口にしたりすることがあるかもしれません。

「伝えるべきときに」「伝わりやすい形で」伝えられるよう、タイミングを上手に読んだり、伝えたいことをノートに書いて見直しながら、「この伝え方でいいのか」「本当に伝える価値がある情報なのか」をひと呼吸おいて考えてみるのもいいでしょう。

また、一方的に伝えるのではなく、対話も心がけてみてください。発信の際は、オンラインで繋がっている相手の存在を意識してみましょう。双方向のコミュニケーションによって、いろいろな人の才能が、あなたと繋がっていきます。

これまでのあなたが「私にはまだ早い」とか「これは夢物語だよな」と語っていた話が、急速にはじまっていくでしょう。

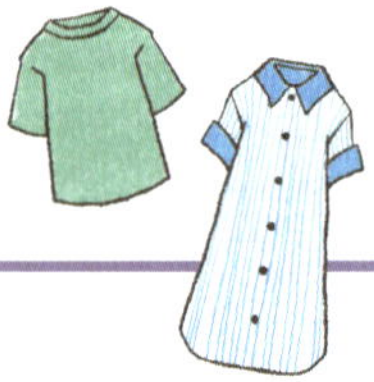

【ファッション】

◆腕や手先を健やかに整えて、風を感じさせるアクセサリーを

このタイプの人は、都会のビルの谷間をビル風に吹かれながら闊歩するのが似合います。スッキリとしたパンツスタイルにノーヒールで颯爽と歩いていくイメージです。

歩くことそのものが開運アクションにもなりますから、歩きやすいスタイルで外出するといいでしょう。

仕事がある日は上品さが漂うきれいめファッション、休日にはデニムなどを取り入れたカジュアルなコーディネイトを楽しみながら、快適に歩いてくださいね。

「ウィンディ」の人の中には、ネイリストや美容師など、手を商売道具にする職業に就いている人も多いことと思います。

腕や手先は、このタイプの人にとっては特に大切なパーツということもあり、美しく見せる方法を考えてみるといいでしょう。ネイルケアやハンドマッサージを日常的にすることで、健やかな美しさを保てると理想的です。

指輪やブレスレットなど、手先を彩るアクセサリーを取り入れてみるのもいいですね。特に、風に揺れるデザインのものは、このタイプの人の魅力を引き出してくれるはずです。

【食生活】

◆ササッと済ませがちな食事を、バランスよく落ち着いたものに

一か所でじっとしているよりも、動きまわることが好きなこのタイプ。

できることならササッと食事を終えて、次の行動に出たいと思うことも多いようです。そのため、時間をかけてゆっくりと食事をすることは少なく、サンドイッチやハンバーガーといった軽食で済ませることもあります。お菓子やナッツ類も好きです。片手で簡単に口に入れられるものを移動中に食べたり、スマホを見ながら食べたりすることで、時間を有効に使いたい。食事よりも、他のことを優先したい。

そんなふうに考えているので、食が細く、食事に対する興味もあまりない傾向があります。

ただし、そうした食生活を続けていると栄養バランスは偏りがち。塩分を摂りすぎることも多いので、腎臓に負担がかかっている人もいます。

そこで心がけてほしいのは、野菜を食べること。

特に、葉もの野菜をたっぷりと食べることでバランスが整いやすくなります。生のままサラダにするのもいいですし、炒めものや煮ものなど加熱した状態で食べるのもおすすめです。

日本古来のものよりも海外由来のものを好む傾向もあるため、セロリやパクチーなどの香味野菜、ミントやローズマリーなどのハーブ類は、このタイプの人の好みに合うかもしれません。無理のない形で葉ものを取り入れてみてください。

また、一日に一回は肉や魚などを食べ、動物性たんぱく質を摂取することも意識するといいでしょう。そのとき、白米も一緒に食べると土のエネルギーを補えるので理想的です。

「片手でつまめるものがいい」という理由でお菓子類を食べたくなったときには、干し芋に置き換えてみるのもいいですよ。土のエネルギーが強い芋類は、慌ただしさの中に安定感を与えてくれます。

ナッツ類を食べたいなら、できるだけ無塩のものを選んでください。塩分を控え目にするだけでも体への負担は軽くなります。

そして、「ながら食べ」をできる限りやめてみましょう。食卓について、食べることだけを楽しむ。そんな時間をつくってみると食事に対する意識も高まりますし、心も体も落ち着いてくるはずです。

【体のケア】

◆心身を休めるために良質な睡眠と入浴を

とにかく活動的で、たくさんの情報に触れていたいこのタイプの人は、睡眠時間が短くなりがち。就寝の直前まで、ブルーライトを浴びながらスマホで情報収集に励んでいますから、寝つきが悪いうえ、眠りも浅くなりやすい傾向があります。

良質な睡眠は健やかさの土台になりますから、まずは就寝環境を整えることからはじめてみましょう。就寝前のスマホ使用を控えたり、寝具を見直したりするのがおすすめです。

十分な睡眠を確保できると、膨大な情報に触れて働き続けている神経回路を休ませることができ、起きているときのパフォーマンスも上がっていきます。

常に情報に触れていると、どうしても疲れが出てきます。

そんなときは、瞑想をするなどして「何も考えない時間」をつくると、その後の集中力がアップして作業効率が上がります。

瞑想は、静かに座って行う必要はなく、掃除をしながらでも音楽を聴きながらでも実践できます。方法はとてもシンプルで、そのときの動作に集中するだけでＯＫ。「動く瞑想」によって無になる時間をつくってみるといいでしょう。

瞑想のほかには、デジタルデトックスもおすすめです。スマホやパソコンなどの機器から距離をとるだけで、情報から切り離されることによる解放感を味わえます。

このタイプの人は、フットワークが軽くて動きまわるのが好きです。

その影響もあるのか、体のパーツの中では特にふくらはぎやくるぶしなどに負担がかかりやすくなっています。走ったり歩いたりするときに重要なパーツだからかもしれません。

これらのパーツは、腎臓や膀胱などのエリアと影響を与え合っています。デトックス機能を高められるよう、こまめに水分補給をすることや、忙しくてもトイレを我慢しないことなどを心がけるといいでしょう（このタイプの人には、トイレを我慢しすぎて膀胱炎などになる人も多いようです）。

ゆっくりとお風呂に入ることも、このタイプの人のケアとしては非常に有効です。慌ただしくシャワーだけで済ませる人も少なくありませんが、できれば時間をかけてお湯につかってみてください。長時間でものぼせにくい半身浴は、特におすすめです。ふくらはぎやくるぶしはもちろん下半身全体が温まり、全身の循環も良くなっていきます。

このタイプの人は、水分不足によって不調があらわれることがあります。潤いのある環境に身を置くほうが調子が整いやすくなりますから、浴室は絶好の環境といえるでしょう。

浴室では、ＹｏｕＴｕｂｅを見たり勉強をしたりするのではなく、体のケアに集中してみましょう。頭を使うのではなく、五感を使ってゆるやかに過ごす時間を大切にするのです。

お湯にバスオイルを垂らすなどして、香りを堪能するのもいいですね。旅先の香りを思い出せるような入浴剤を入れて、旅気分を味わうのも楽しそうです。

気分をリフレッシュさせられますし保湿効果も得られますから、心身ともに整っていくはずですよ。

【チャクラとの対応】

◆本質を見極める力に関わる第6チャクラ

風のエレメントは、眉間に位置する第6チャクラ（アージュニャー・チャクラ）と対応しています。

このチャクラの位置には「サードアイ（第三の目）」があるといわれています。この目が覚醒することでスピリチュアルな力が目覚め、物事の本質が見えるようになるとされています。

このチャクラが活性して整った状態にあるとき、情報や真理に触れる力が高まります。また、力が弱まり整っていないときには、情報に振りまわされたり落ち着きがなくなったりするといわれています。

【2025〜2029年の運気バイオリズム】

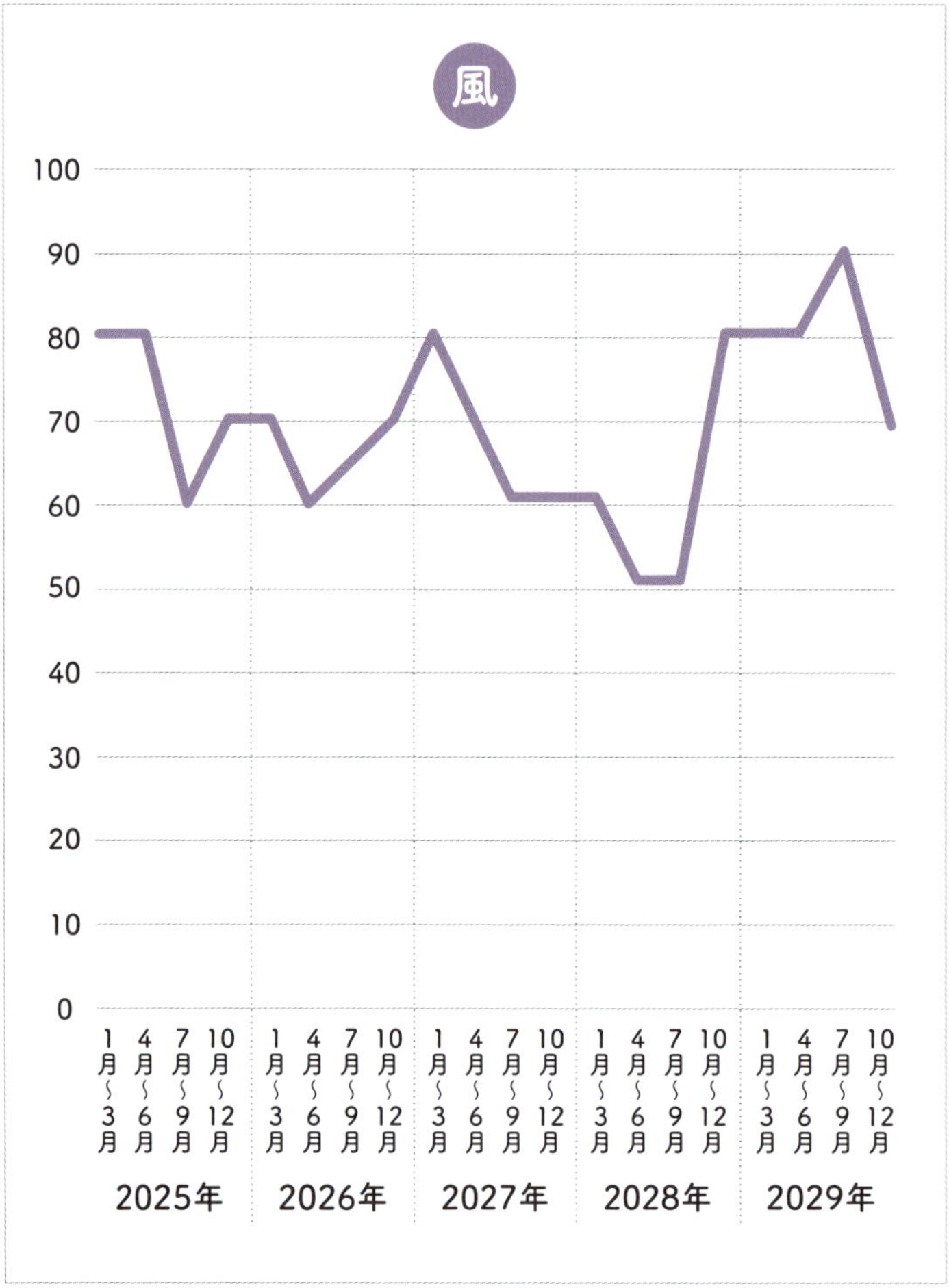

「ウィンディ」の人は、2025年1月から3年計画がスタート。憧れの世界との縁が結ばれたり、ここまで蒔いてきた種が実を結び、活躍のステージが一気に上がりそう。2025年7月〜10月、今まで思い描いていたことを実行するタイミングが訪れます。

◆新しい時代をリードして人々に希望を届ける

2025年以降、「みんなと同じだから安心」「みんなと同じであることが正解」といった認識が崩れ、世の中の流れが大きく変わっていきます。

枠にとらわれることなく、誰もが自由に自分の人生をクリエイトしていく。

そんな時代が、いよいよ本格化するのです。

そうして変化していく世の中を、軽やかにリードするのが風のエレメントが多い「ウィンディ」の人です。

人と違う生き方をすることも、変化をすることもおそれない。最先端の情報を求めて颯爽と動きまわるこのタイプの人は、この時代の空気にうまくフィットします。

さまざまな体験をしながら新たな価値観を確立し、それを発信することで時代の道しるべを示す存在になるかもしれません。

そうして、たくさんの人たちに希望を届けていくのです。

ただし、そうした生き方に奔走することで、責任を負ったり、大きな変化に直面したたりもしますから、やりがいはあるものの疲れを感じることもあるかもしれませんね。

２０２６年になると、そうした変化の流れに区切りがつき、燃え尽きてしまう人も。この時期には、新たな道を切り拓こうとするのではなく、これまでに切り拓いた道の中から手放すものを選んでいくといいでしょう。

心身を休めて充電し、ゆとりを取り戻すために時間を使うことをおすすめします。

２０２８年4月から9月にかけては、根本的なところから人生を見直す時期です。「何のために生きているのか」「人生における優先順位は？」といった問いに、じっくりと向き合うことになるでしょう。

そして10月に入ると、その問いとの時間を経たうえで、より発展した目標を模索するようになっていきます。

２０２５年以降の取り組みの結果を踏まえて、新たな目標に向かうようになるのです。

モイスチャー

水

ELEMENT

水

モイスチャー

愛情深く、思いやり
あふれる行動ができる

MOISTURE

モイスチャー（水のエレメントが多い人）

【特徴】

◆すべてを包み込む水のように愛情にあふれ、他者を思いやる心を持つ

「周りにいる人たちを喜ばせたい。喜んでくれたら他に望みはない」。そんな風に思う人です。

ホスピタリティ精神を発揮して、自分ならではの思いやりアクションをナチュラルに実行します。

綺麗なものを見つけたら「あの人にあげたら喜ぶかな」とか、「たしかあの人コレが好きって言ってたな」とか、人のことを考えます。人と喜び合うことを、すごく大きな

喜びにしていける素敵な人です。

でも、思い立って自分のペースで「これ受け取って」と、突撃していくことはありません。「人の生活を乱したくない」と考え、礼儀をわきまえているのです。

「どうすれば相手が喜ぶのか」を無理なく考えることができるため、そうした長所を生かした職業に就くとうまくいきます。

たとえば、ホテルやギャラリー、レストランなどでホスピタリティを発揮してサービスを提供したり、開業したりする人は「モイスチャー」の人の魅力が際立ちます。

レストランで「注文をしたい」と思ったタイミングで、ちょうど声をかけてくれる。「取り皿を使いたい」と思っていたら、何も言わなくても持ってきてくれる。

そんなふうに、気が利くサービスをさらりと実践している人がいれば、もしかするとこのタイプの人かもしれません。

看護師や保育士になる人も多いですし、人を癒やすセラピストやヒーラーの仕事を選ぶ人もいます。人気商売にも向いているので、SNSで注目を集めてインフルエンサーとして活躍する人もいます。

周囲の人の気持ちにアンテナを立て、求めているものを提供できるようにこまめに動くことができるのです。

そのほか、このタイプの人によく見られる職業といえば、アーティストなどの表現者ですね。細やかな感性を活かして、何かを表現する仕事に適性があるようです。

芸術作品を創造する人もいれば、歌やダンスを極めている人もいます。言葉を使って表現することも得意なので、作詞家や編集者になる人もいます。

このタイプの人は愛情深く、しかもとても頑張り屋ですから、熱心に仕事に取り組みます。オンとオフの切り替えをすることもなく、一日中仕事に没頭する人もめずらしくありません。

それゆえに、サービス残業のしすぎで疲弊してしまうこともあります。

これは仕事にのみ当てはまることではなく、プライベートでも同じことがいえます。

たとえば、家族のために片時も休むことなく家事や育児をするのが普通になっていたり、家族の中で自分だけが休むことなく、家事をこなすのが当たり前になっている。そんな傾向があるのです。

◆人や世界に愛を注ぐからこそ、自分にも愛が巡ってくる

「モイスチャー」の人は、人や世界に対して惜しみなく愛を注ぎます。その結果、自分にもたくさんの愛が巡ってくるようになっています。

たとえば自宅に友人を招くとき、食事の準備に気合いが入りすぎることがあります。頼まれてもいないのにおつまみやデザートまで丁寧につくり込んだりして、自らタスクを増やしてしまう。そうして半泣きになりながらも、誰かの喜びのために行動するのです。

そんなふうにして注いだ愛は、そのうち別の人や場所から違う形で巡ってきます。

ですからこのタイプの人は、損得の計算をしすぎることなく、愛を注ぐ幸せなやりとりを続けていくといいでしょう。

そのほかの特徴としては、過去を思い出して「こんなことが起きたらどうしよう」と不安になりがちなところがあります。

不安を感じるのは「自分や大切な人を守りたい」という気持ちがあるから。つまりこれは、愛情深さゆえに生まれる感情なのかもしれません。危機を回避するための本能が、不安を引き起こしているのです。

しかし、そうした不安は年齢とともに経験を重ねるうちに薄れていきます。

ですから、たとえ不安に心を支配されていても、気にする必要はありません。「意外と大丈夫」という経験を積むことで、気にならなくなっていきます。その不安は必要不可欠な理由からうまれたもの。過剰な不安は自然とおさまっていくということを知っておいてください。

◆共感と感謝をあらわすコミュニケーションが大切

「モイスチャー」の人が、コミュニケーションを取るときに大切にしているのは、共感と感謝です。

たとえば悩みごとを相談したいと思うとき、相談相手に求めているのは「大変だったね」と共感してもらうこと。

大変な気持ちをそのまま受け止めて、心をひとつにしてもらいたい。解決策を求めているというよりも、寄り添ってもらいたいのです。

そうした傾向は、パートナーを選ぶときにもあらわれます。

横並びになって同じ景色を眺めたときに、同じように気持ちが揺れ動くかどうか。一緒に食事をしたときに、同じものをおいしいと感じて会話を楽しめるかどうか。それが重要なのです。

このタイプの人は、一目ぼれなどで直感的にパートナーを選ぶことはあまりありません。

時間をかけてじっくりと「同じ感覚を共有できる相手なのか」を見極めて判断します。妥協することなく、五感で共感できる相手を探し出す方が良いでしょう。

そのため、「モイスチャー」の人が選ぶパートナーもまた、「モイスチャー」の人であることが多いようです。五感でつながり共感できる相手とのパートナーシップは、穏やかで安定感があるものになりやすく、長続きすることが多いでしょう。

感謝を示すことを大切にしているこのタイプの人は、相手から感謝されることにも大

きな喜びを感じます。
このタイプの人が記念日にプレゼントしてもらってうれしいのは、高級レストランでの食事や高価なプレゼントではありません。思い出がたっぷりと詰まったお店で過ごすことや、感謝の言葉を添えたプレゼントや、普段の会話の中で、さらっと欲しいと口にしたものをプレゼントされることに、心がときめくのです。
また、人にプレゼントをするのも大好きです。メッセージ付きのギフトカードをスマートにプレゼントする人も多いはずです。
「どれだけお金をかけたのか」ではなく、「どれだけ自分に心を寄せてくれたのか」のほうが大切なのです。

【開運のためのアクション】

◆遠方へのひとり旅で疲れをリセット

愛情深い「モイスチャー」の人は、誰かのために頑張りすぎてしまうことがあります。職場では仕事に邁進し、家に帰れば家族のために家事や育児にかかりきり。そんなふうにして、24時間365日、気づけば休みなく稼働していることがあるのです。

このタイプの人に時々見られるのが、仕事で頑張りすぎて燃え尽きてしまい、前触れもなく休職するという状況。「自分のために」と時間を確保して休むことが難しいため、あるとき突然限界を迎えてダウンしてしまうことがあります。


ですから心身が限界を迎える前に、まだまだ余力が残っているうちに、充電のために旅に出ることをおすすめします。

できればひとりきりで、パソコンなどの仕事アイテムは持たず、100キロ以上離れた場所に出かけてみてください。


ひとりがいい理由と仕事のアイテムを持たない理由は「旅先にいても相手のことばかり気遣って休めない」という状況を避けるため。100キロ以上離れたところに行く理由は、それだけの移動距離があれば想念を切り替えられると言われているためです。

そんなふうにして旅に出て、好きな食べ物を味わったり、好きな音楽を聴きながら、いつもとは違う景色を楽しんだりすれば、心身を充電させることができるでしょう。旅先では、プールや海に入ったり、温泉に入ったりと水に触れて過ごすことで、素の状態に戻っていけるでしょう。

普段からできる開運アクションとしては、肌ざわりのいい服や寝具を使うこと。触覚にすぐれているこのタイプの人にとって、触り心地のいいものに囲まれて生活をすることは癒やしにつながります。特に自宅の環境を心地よくしたいという思いが強いため、外出時の服装よりもルームウェアにお金をかける人も多いようです。

着心地のいいパジャマや肌ざわりのいい寝具のほか、信頼するパートナーとのハグやペットとの触れ合いなどもいいでしょう。心地よいバスタイムも、お湯の感触によって心身を休めることができます。

◆自分と人との境界線を意識する

人との境界線を意識することも大切です。

共感力が高い「モイスチャー」の人は、相手の悲しみを自分のことのように感じて悲しくなったりします。自分と相手との境界線が曖昧になり、一体化してしまうのです。

こうした状況は決して悪いわけではありません。

しかし、「できることは何でもやってあげたい」という思いやりは、いつしか相手の中に「この人は自分のために尽くしてくれるはず」という甘えを生み出すことがあります。

すると次第に、水のエレメントが多いこのタイプの人はつらい状況へと追い込まれます。「いつの間にか、その人に代わってたくさんのものを背負っていた」なんてこともあるでしょう。

ですから忘れてはいけないのは、自分と相手の境界線をしっかりと意識して、自分を大切にすることです。

相手を思いやる気持ちは尊いものですが、自分を犠牲にしてまで相手に尽くすことはありません。何よりもまず、自分の幸せを追求してください。

誰にも遠慮することなく自分の幸せを追い求め、その状態を保ったままで思いやりの気持ちを持てばいいのです。

◆母親から受けた影響を手放していく

水のエレメントが多い人は、子どもの頃に受けた母親からの愛情表現、特に触れ合いを通した表現に大きな影響を受けます。

豊かに愛情表現をする母親のもとで育った「モイスチャー」の人は、良好な人間関係を築ける人に成長することが多いようです。

しかし、母親としては十分に愛情表現をしたつもりでも、子どもにはそれが伝わっていないということもあるでしょう。客観的に見れば十分な愛情表現であっても、子どもとしては不足していると感じることがあったり、望んでいる愛情の形でないこともあるからです。

子どものときに、母親に対して「触れ合いが少なくてさみしい」「話を聞いてくれない」といった不満を抱えていると、そのネガティブな思いが大人になっても消えないことがあります。

場合によってはトラウマとなり、その後の人間関係に悪影響を及ぼすこともあります。

そんな状況を自覚した人におすすめしたいのは、カウンセリングなどで思いを吐露してつらかった過去を手放すこと。「私のこれまでの生きづらさは、母親の影響を受けたものだったんだ」ということを深く理解すれば、少しずつ心は解放されていきます。

このタイプの人は、自分の力で内側にある答えを見つけてはじめて、納得することができます。内側の納得感がともなわなければ、人生観が変わることはありません。

ですから、答えを見つけて納得感にたどり着けるまで、とことん自分と向き合ってその気持ちを言葉にしてみてほしいと思います。

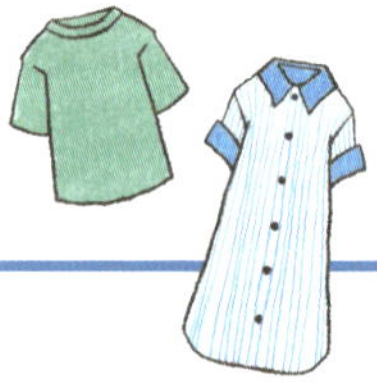

【ファッション】

◆「自分が本当に好きな服」を探してみる

このタイプの人は、ふんわりとしたシルエットの女性らしいファッションを選ぶことが多いようです。

しかし、このようなファッションは、心から好きで選んでいるとは限りません。というのも、このタイプの人の場合、無意識のうちに母親が好むスタイルを選んでいることがあるのです。

水のエレメントが多い「モイスチャー」の人に、服装にまつわる話を聞いていると、「母親がよく買ってくれたのがこういうタイプの服だった。気がついたら同じようなものを買っていた」「お母さんが『それいいね』って言ってくれる服を選ぶクセがついていて、自分はどんな服が好きかなんて考えたことがなかった」というように、自分ではなく母親の好みに合わせて服を選んでいる人が多いということに気がつきます。

そして中には、そのことを自覚して自分の好みを見つめ直した結果、まったく違うテイストの服を着るようになった人たちもいます。

母親にはロングスカートを褒めてもらっていたから、自分にはロングスカートが似合うものだと思い込んでいたけれど、実はショートパンツが好きだと気がついたという人もいました。その人は、はじめのうちはショートパンツをはくことに躊躇があったものの、やがて自分らしいスタイルを貫けるようになり、ロングスカートをはかなくなったそうです。

また、このタイプの人は、首やデコルテを露出することで魅力が引き出されやすくなります。

これらの部位を隠さず、きれいに見せるデザインの服を選ぶことで、美しさが引き立

つ人が多いはずです。

メイクについては、ふんわりとチークを入れて肌ざわりの良さを感じさせるようなものがおすすめです。全体的に、みずみずしく潤った質感に仕上げることで、水のエレメントの魅力が際立ってくるでしょう。

【食生活】

◆栄養バランスが整った健康的な食事を好む

水分をたっぷりと含んだ食事が、好みにも体質にも合っていることが多いようです。食事のときには、みそ汁やスープなどの汁物を添えて十分な水分を補給するといいでしょう。

このタイプの人は、さまざまなタイプの人に気遣いをしながら、快適な人間関係をつくっていくのが得意ですが、その特徴は食事のスタイルにも反映されています。栄養バランスの良い健康的な食生活を続けている人が多いのです。

日本ならではの「おふくろの味」と呼ばれるような定番和食も、好みに合っています。きんぴらごぼうや切干大根、煮ものといった和のおかずを食べると、体が元気になりそうです。

発酵食品もいいですね。肉や魚はシンプルに焼くよりも、味噌や麹に漬け込んでから焼いたほうが好みに合います。

野菜については、たっぷりと水分が含まれたものを食べると体のバランスが整いやすくなります。スイカやキュウリなどは水分量が豊富なうえ、体の中の余分な水分を排出できるようサポートしてくれるので、このタイプの人にはありがたい食材です。

フルーツの中ではとりわけ、イチジクやザクロといった女性の体の調子を整える作用があるものがおすすめです。

このタイプの人は、自分に必要なものをうまく取り入れるのが得意なので、食事についてそれほど困ることはありません。

ただ、ひとつだけ注意してほしいのが、噛まないで食べること。食べ物をあまり噛まずにサッと飲み込んでしまう人が多いのです。

具沢山なスープなど栄養豊富で吸収もいいものを好むため、それでも問題がないことも多いのですが、できればよく噛んで味わってみてください。いつもはスピーディーに済ませる食事の時間を、食べ物を噛みしめながらじっくりと楽しむ時間にしてみるのもいいものですよ。

【体のケア】

◆疲れがたまる前に水に触れて癒しを

「モイスチャー」の人に特に気をつけてほしいのは、婦人科系のトラブルです。子宮や乳腺、リンパ腺などに疾患があらわれる人も多いようです。生理痛をはじめとして、生理にまつわるトラブルがあらわれる人もいます。

腎臓や膀胱といった体内の水分をろ過する働きがある臓器にも、負担がかかりすぎることもあります。

膀胱炎になった「モイスチャー」の薬剤師さんのお話を伺ったことがあるのですが、

「勤務中に自分がトイレに行くと他のスタッフに迷惑がかかる」と思うと、限界まで我慢してしまうのだとか。そうして何度も膀胱炎になったことがあるのだといいます。

同じようにしてぎっくり腰や帯状疱疹も、周囲の人を気遣うがゆえに発症してしまうことがあります。

このタイプの人は、たとえ大変な状況に陥っていても助けを求めず「自分で頑張ってなんとかしよう」と思いがち。そんな状態が続いて限界を超えたとき、ぎっくり腰や帯状疱疹があらわれて、休まざるを得なくなるのです。

ですからこのタイプの人は、とにかく無理をしすぎないこと。自分だけで抱え込もうとしないことが大切です。

日頃から少しずつ、意識的に息抜きをしましょう。水に触れると元気になれますから、ゆっくりとお風呂に入るのもいいですね。

時間を気にすることなくお風呂に入って、心地よいお湯の感触を味わいながらじんわりと体を温めましょう。スーパー銭湯のような賑やかな場所に行くよりも、自宅のお風呂や落ち着いた雰囲気の温泉のほうがいいでしょう。

そのほかには、足裏のケアもおすすめです。足裏はエネルギーの入り口でもあり、自分と外の世界との境界線でもあるからです。

自己流でもいいので足裏マッサージをしてみると調子がよくなりますよ。マッサージは気が向かないという人は、足の指と指の間をギューッと広げるようにしてストレッチをしたり、足裏を丁寧に洗ったりするだけでも効果的です。かかとの角質をきれいにケアすると開運につながることもあります。

【チャクラとの対応】

◆安定感や安心感、信念などと関わる第2チャクラ

水のエレメントは、へその少し下に位置する丹田《たんでん》に位置する第2チャクラ（スワーディシュターナ・チャクラ）と対応しています。このチャクラは、女性の場合は子宮の位置とも重なっています。

このチャクラが活性して整った状態にあるとき、愛情深くなったり感受性が豊かになったりします。また、力が弱まり整っていないときには、自分を大切にできなくなったり優柔不断になったりするといわれています。

女性の子宮に位置するこのチャクラは、女性エネルギーと深く関わっています。生命力を象徴するチャクラでもあり、ホルモン分泌にも影響を及ぼすと考えられています。

【2025〜2029年の運気バイオリズム】

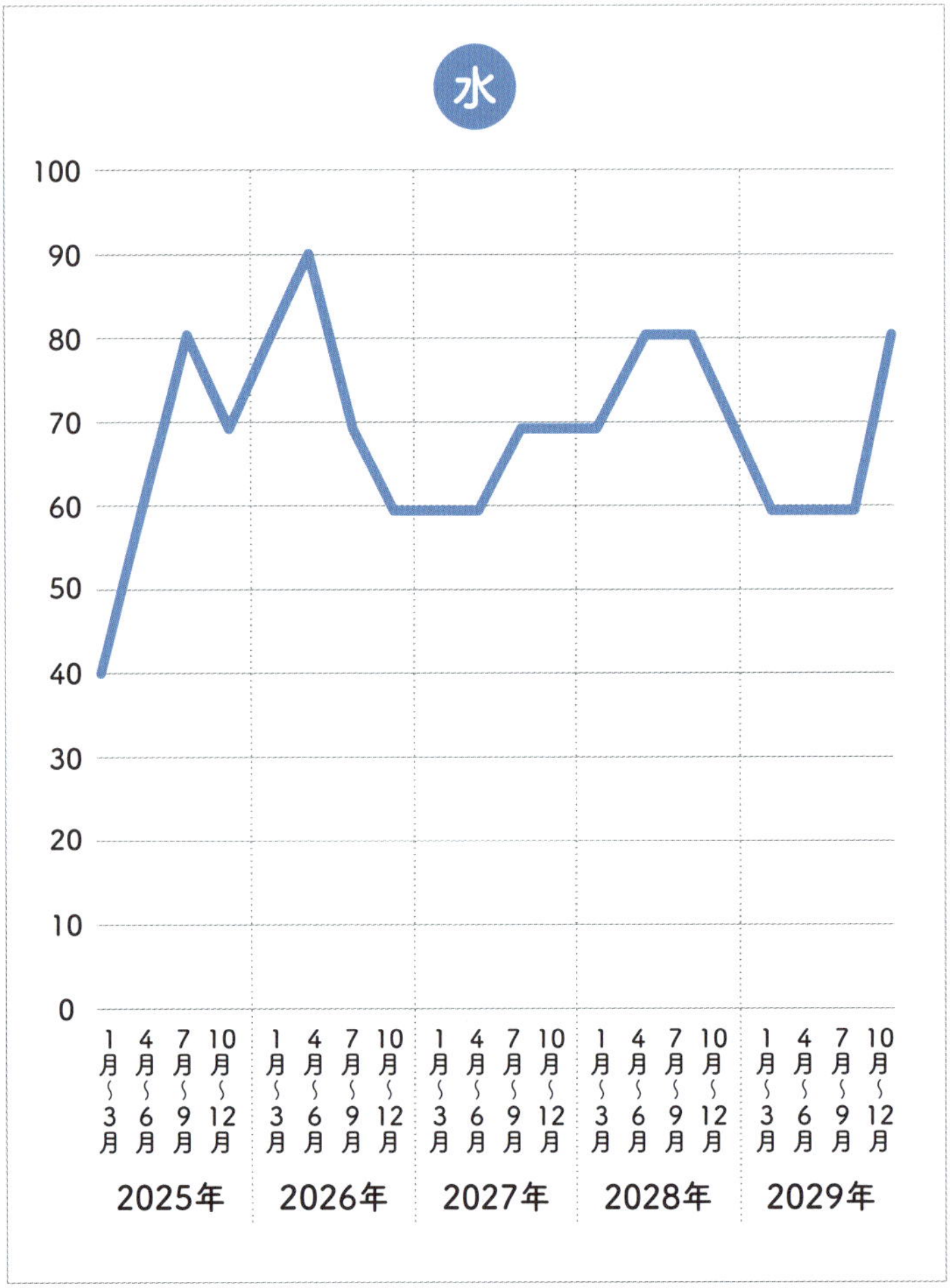

「モイスチャー」の人にとって、2025年7月〜2026年6月は、人生の価値観が変わるようなときです。誰かから期待された役割の責任を果たすのではなく、趣味以上に打ち込めることに出合いチャレンジしていけそうです。

◆大きな喜びが舞い込む奇跡的な展開が待っている

2025年7月からの1年間は、大きな喜びを受け取る特別な時間になりそうです。これまでに積み重ねてきた経験を活かして、さらに輝かしく活躍できるステージで大成功することになるでしょう。

仕事においては、転職や昇進、転勤といった変化があるかもしれません。また、プライベートでは、結婚によって家族が増えたり、引っ越しをしたりする人もいるかもしれません。

そうした大きな変化が立て続けに起こって、しかも何もかもがうまくいって、気がつけば人生が大幅にグレードアップしているのです。

自分の人生の限界を決めつけず、おそれずに路線変更をしながら幸せを求めていれば、奇跡のような展開が待っているはずですよ。

その後に続く2026年7月からの1年間は、そうして得た幸せを存分に味わう時期。

それと同時に、新しいことに挑戦していく時期でもあります。

とはいえ、無理をして難しいことに取り組む必要はなく、おもしろそうだと思ったものを気軽に試してみるというスタンスで十分。

たとえ苦手なことであっても「苦手だから」と決めつけずにやってみることをおすすめします。ワクワクした気持ちを頼りに行動していきましょう。

2027年7月から2028年9月までは、運気が安定していて何事も結果につながりやすい時期です。

時代の移り変わりにともなって、いつの間にか自分のペースが崩れてしまっているという人もいるかもしれません。そんな人はまず、自分にぴったりなペースを見つけてください。

そのペースを守りながら進めばきっと、幸運の風が吹いてきます。

やさしいそよ風のような幸運の風は、穏やかな幸せをもたらしてくれます。

自分のペースで着実に結果を出しながら、安定感のある幸福な日々を送れるはずですよ。

レインボー——バランス

ELEMENT

バランス

レインボー

成熟した精神と能力の高さが
際立つ達観した存在

RAINBOW

レインボー（バランスのエレメントの人）

【特徴】

◆すべてのエレメントの要素をバランス良く兼ね備えニュートラルな視点を持つ

バランス型ともいわれる「レインボー」の人は、若いうちから精神が成熟しており、まるで仙人のような達観した生き方をしています。

「レインボー」の人に当てはまるのは、火・土・風・水の4つのエレメントがすべて20%台の人。多すぎるエレメントも少なすぎるエレメントもなく、うまく調和がとれている人です。

「レインボー」の人の割合は、全体の約1％と、かなりレアな存在だといえるでしょう。

このタイプの人は、すべてのエレメントがバランスよく揃っているものの、その割合は人によってそれぞれ。その差は数パーセントかもしれませんが、いずれかのエレメントの割合が高いという場合がほとんどであり、そのエレメントの特徴があらわれる人が多いようです。

とはいえ、突出してひとつのエレメントが多い人と比べると、その特徴のあらわれ方はささやかなもの。「わずかながらも土のエレメントの割合が高いせいか、強いて言えば「アース」の人（土のエレメントが多い人）の特徴が出ている気がする」といった程度です。

また、すべてのエレメントを20％以上持っていますが、複数のエレメントの特徴が入れ替わり立ち替わりあらわれるということではありません。

「レインボー」の人は、強く自己主張をすることも、一途に何かを貫くこともほとんどありません。周りの人が足元がプルプル震えちゃうようなことがあったときに、「大丈夫、私がいるよ」と、足元を明るく照らしてあげるような人です。

この世の中をもっと生きやすいように構築したり、世の中の空気を変えていったりすることができる人です。

広い視野を活かして周囲の状況を見据え、先々の展開を予測しながら、あらゆる状況をありのままに受け止める。そんなふうにして、無私の境地を生きている人が多いのです。

◆「みんなの幸せ」を重視する有能な調整役 ★

欲やエゴを持たず、達観した存在であるこのタイプの人は、自分からアピールすることがほとんどありません。ただし、だからといって存在感が薄いということはなく、多数のメンバーをうまくまとめる優秀なオーガナイザーとして一目置かれています。

たとえば多人数が集まる会を取りまとめるとき、幹事の負担は相当なものです。メンバーの状況を把握して適切な日時を設定し、アクセスの良さや広さなどを考慮して会場を選ぶ。内容や予算などの詳細を決めたら、出欠をとったり各所とのやりとりをしたりして、全体をとりまとめる。

そのときに求められるのは、視野の広さや段取りの良さ、一人ひとりの状況に配慮する思いやり、臨機応変に対応できる調整力などでしょうか。

「レインボー」の人は、そうした点でとても優れており、誰もが満足して楽しめる場をつくり出すことができるのです。

また、このタイプの人は「会」の当日にも大いに力を発揮します。

スポットライトを浴びて目立つことはあえて選びませんが、笑顔でみんなを盛り上げてうまく場をまとめてくれます。嫌な思いをする人がいないようさりげなく気遣いをしたり、メンバーの魅力が引き出されるよう絶妙なアシストをしたりするのも得意です。

自分を引き立てることよりも、みんなで楽しく過ごすことを重視して、縁の下の力持ちとして立ちまわれる。難易度が高いことでもさらりとこなして涼しい顔をしている。

そんなこのタイプの人のすばらしさを理解する人は多く、周囲から「いい人」として認識され大切に思われています。

◆心から信頼できる人との関係を大切にする

ただし、そうした有能さゆえに、「付き合う人を選ぶ」という一面が顕著になることもあります。「いい人」として認識されたり、公平性を重視したりするため意外に思われるかもしれませんが、誰とでも仲良くできるわけではないのです。

精神の成熟度が高いこのタイプの人は、同じように成熟した人や適切な距離感で心地よく付き合える人とだけ、交流を続けていきます。

おそらく幼少の頃から、周囲と自分との成熟度の違いを感じて、なじめない感覚があったり、どこか孤独感があったりしたのではないでしょうか。多様な価値観を受容できる一方で、自分の価値観を示して理解を求めたり、異なる価値観をすり合わせようとしたりすることは、あまりありません。

家族をはじめとする少数の信頼できる人をのぞいては、心の内を明かすこともないのです。

そんなわけで「レインボー」の人は、仕事においては、自分に合う人とだけ関われるようにフリーランスとして活躍していたり、信頼できるパートナーとともに働いたりすることで、自分らしくいられる環境を確保している人が多いようです。

精神的に未熟な人や相性が合わない人と協業せざるを得ないため、誰かが決めたチームで活動をさせられるのは、どちらかというと苦手です。

このタイプの人は、相性がいい人と関わっていると、周囲が驚くような成果を出していけるでしょう。

空気を読むのが面倒になって「自分が好きなことをやっちゃおう!」というスイッチが入ることもあります。

「レインボー」の人は、自分を客観視する能力が非常に高く、先々の展開を読む力にも長けています。段取りよく作戦を立てて実行に移すことも、想定外の出来事に臨機応変に対応することも得意です。

そのうえ、誰もから一目置かれ尊重されているため、人の力をうまく借りることもできます。

損得勘定で動くことがなく、周囲の人たちに貢献したいという思いも強いことから、

協力者を得やすいのです。

自分を取り囲む人たちを信用し、大胆に行動していくときにこそ経験値が上がっていきます。

【開運のためのアクション】

◆自分自身にとって一番心地良い人間関係を

125ページでもご紹介したように、このタイプの人は誰とでも仲良くなれるわけでもありません。精神の成熟度が低い人や、自分と合わないと感じる人とは、うまく付き合っていけないと感じることが多いようです。

ですから、そうした人とは適度に距離をとっていきましょう。それぞれの生き方を尊重するためにも、無理に親しくなる必要はないのです。

適度な距離をとるためには、会う機会や話す機会を減らすなどして少しずつ離れていくのが理想的。「気がついたら最近連絡きてないな」という状態をつくれるといいですね。

◆真剣さと遊びが一緒になった世界で活躍する

「レインボー」の人は、仙人のように達観している一方で、対人関係において不器用なところもあります。

ですが私は、そのことをネガティブに捉えなくてもいいと思っています。たとえ少数であっても、大切な人の存在があるならそれでいい。孤独を感じることなく過ごせているのなら、問題はないはずだからです。

このタイプの人がより充実した人生を送るために必要なのは、ひとりで、もしくは家族や信頼できる友人などと一緒に、興味を持ったことや好きなことに取り組んでいくことです。

「レインボー」の人は、他のエレメントの人以上に、自分の運命と向き合ってきている人です。誰にも見られないところで「なんでこんなことをやっているんだろう」と、何回も虚無感を感じたり、それを乗り越えたりしてきたことでしょう。

そんなあなたが、「この機会、この縁は大事にしたい」と直感的に感じ取ったことは、自分のペースではじめてくださいね。

真剣さも遊びの要素もどちらともある世界を実現し、そんな中で活躍していくことができるでしょう。

あなたは遊び心を大事にしながらも、向き合うべきことにはちゃんと真面目に向き合っていける人なので、周りの人も喜んで、あなたの背中を押すはずです。

そこでおすすめしたいのは、どんな形でも構いませんから、日常的にアウトプットをする機会をつくること。

自分だけが読む日記を書いてもいいですし、家族に話を聞いてもらうのもいいでしょう。ブログを公開したりＳＮＳで発信したりするのもいいと思います。

思いのままにアウトプットする場を持つことは刺激になります。

自分を客観視するのが得意なこのタイプの人であれば、そうした行動によってますます多角的な視点で自分を見つめられるようになります。

日常のアウトプットのつもりではじめた自己表現が、仲間の出会いのきっかけをつくったり、新しいステージの扉が開いたりすることにつながっていくでしょう。

◆おもしろさを感じながら自由に遊んでみる

マネジメントが得意なこのタイプの人は、誰かの成長のために時間や労力を惜しまず取り組むことができます。自分の利益のためではなくその人の利益のために、無私の境地で行動することができるのです。

そんなこのタイプの人は、少しでも余裕ができると、他者や自分の成長につながることを考えています。

それは間違いなくすばらしいことなのですが、ときにはその余裕を遊びに使ってみてください。誰のためでもなく、成長を見据えることもなく、ただシンプルに「自分がおもしろいと思ったから、こうして遊んでいる」という過ごし方をするのです。

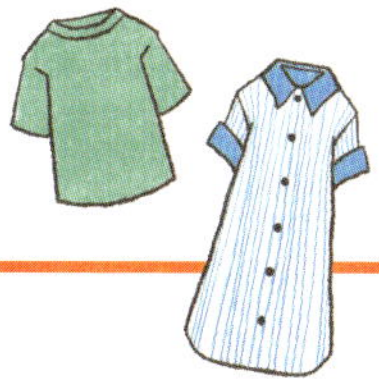

年齢も肩書きも、何もかもをとっぱらってのめり込めるものを見つけたら、その世界を大切にしましょう。心から「おもしろい！」と感じて遊んでいると、その中から新たな発想が生まれます。それは結果的に、未来への投資にもつながっていくはずです。

【ファッション】

◆型からはみ出て、遊び心のあるファッションを

ファッションへのこだわりが少なく、「なんとなく選んだ服を着ている」「みんなが着ているものを選んでいる」という人も多いのがこのタイプ。気付いたら無難なものや地味なものを選びがちかもしれません。

自己主張をしない仙人のような空気感で、そのうえ見た目もおとなしいわけですから、集団の中では埋もれてしまうこともあります。

そこでおすすめしたいのは、型にはまるよりも、型からはみ出た雰囲気を服で演出してみること。

きちっとしたものを選ぶことが多い人なら、遊び心のあるデザインのものを。モノトーンやアースカラーといった目立たない色合いのものを選ぶことが多い人なら、パステルカラーのアイテムなどを取り入れてみるのもいいでしょう。オリジナリティがある柄もののアイテムもおすすめです。

奇抜さや派手さを出そうとしなくても構いません。身につけてみて違和感がないものの中から、あなたらしい個性を出せるアイテムを選んでみてください。遊び心のある色や柄を楽しんでみると、大きく印象が変わります。

ヘアスタイルを変えてみるのもおすすめです。

このタイプの人の中には、なんとなく「いつも通りのミディアムロング」にしている人が多いようです。思い切ってショートヘアにしてみたり、カラーを変えてみたりと、これまでとは違ったスタイルに挑戦しみると気分も変わります。

いつもとは違うヘアサロンに行ってみるのも、新たなスタイルの発見につながるかもしれませんね。

このタイプの人は、内面が成熟しておりとても魅力的なのですが、第一印象で、周りの人が本来のあなたの魅力に気がつくのは難しいため、せっかく相性が良い人と出会っていても、関わるチャンスを逃してしまいがちです。

ファッションやヘアスタイルであなたらしい個性を出すと、第一印象が大きく変わります。それは、信頼できる人との出会いをうまく活かすことにもつながるはずです。

【食生活】

◆自分の気持ちを表現しやすくなる食べものと飲みもの

「レインボー」の人は、周囲の人の考えを尊重し、強く自己主張をしない傾向があります。

そのため普段から聞き手にまわることが多いのですが、基本的にはその影響でストレスを感じることはありません。

しかし、聞き手に徹する機会が増えすぎると、気持ちがモヤモヤすることがあります。

「自己主張をしたい」「自分の意見を通したい」とは思っていなくても、心の中には自分なりに考えていることがあるからです。

とはいえ、そうしてため込んだものを「自己主張」という形でアウトプットするのは、あまり性に合っていないようです。

そこで試してみてほしいのは、食事によってデトックス効果を高めること。体のデトックスをしていくうちに、心のデトックスも進んでいくからです。

ヨーグルトや味噌をはじめとした発酵食品はデトックス作用を期待できますから、日々の食事に取り入れてみるといいでしょう。コーヒーやパイナップルもおすすめです。

コーヒーはむくみを取るほか、利尿効果もあります。パイナップルは、酵素と食物繊維の力で腸の調子を良くして、精神的にも開放感をもたらしてくれます。

また、ときどきでもいいので玄米菜食にしてみると排出力が高まりそうです。

そのほかには、発言力を高めるべく、喉を刺激できるものを取り入れるのもいいですね。

ショウガやワサビといった辛みが強い薬味は、喉にピリリと刺激を与えてくれます。

歯ごたえがあるおかきなども、喉を通るときや咀嚼中に適度な刺激がうまれます。同様に、炭酸を含む飲みものも効果的です。シュワシュワした喉越しが体だけではなく心にも効いてくるはずです。

◆気遣い不要な食卓をゆったりと楽しむ

常に周囲の人たちを気遣い、自分を後まわしにしがちな「レインボー」の人は、誰かと食事をするときにも自然と気配りをしています。

会食の場で大皿に盛られた料理が出れば、いち早く「取り分けなければ」と体が動きますし、「おかわりが必要な人はいないか」「困っている人はいないか」と、周囲の人たちの様子を見て場を整えようとするのです。

そうした行動は本人にとって、多かれ少なかれ負担になっています。

ですからときには、そんな気配りをしなくてもすむメニューを選ぶといいですね。

たとえば、フレンチのコース料理や懐石料理であれば、食べる人のペースに合わせてひとり分ずつ料理が提供されますから、他の人の状況に気を遣う必要はありません。

自分だけの料理を自分のペースでゆったりと味わう時間は、このタイプの人にとって心安らぐものになるはずです。

その一方で、親しい仲間や家族とは、料理をシェアするひとときを楽しむのもいいでしょう。

大皿料理をシェアしたり、ひとつの鍋を一緒に囲んだりする。細かいことを気にせずに、ざっくばらんに料理をつつき合う。

このタイプの人にとっては気が休まりにくそうなこうしたシーンも、心の距離が近い人が相手であれば安らぎにつながるのです。

【体のケア】

◆頑張りすぎない運動で心身の負担をやわらげる

まわりの人に気を配ったり、場の空気を読んだりするのが得意な「レインボー」の人は、自分の内側ではなく外側に気持ちが向きがちです。

そうした特性から考えられるのは、胸部の負担が大きくなること。喘息や肺炎といった胸部の疾患にかかりやすいほか、動悸や不整脈、呼吸の浅さなどが見られることもあります。

そこでおすすめしたいのは、ヨガやストレッチなどで軽く体を動かすこと。ストイックなトレーニングをする必要はありません。鼻歌まじりに踊ってみたり、心地よさを感じられる呼吸法を実践したりするのもいいですね。頑張りすぎずに楽しく体を使うことが心身の負担を軽くして、胸部の不調をやわらげることにつながっていきます。

【チャクラとの対応】

◆愛情や感情、慈愛の精神とつながる第4チャクラ

すべてのエレメントをほどよく持ち合わせたバランス型は、胸の真ん中に位置する第4チャクラ（アナハタ・チャクラ）と対応しています。

心臓に近い位置にあるこのチャクラは、愛情や感情、慈愛の精神などと深く関わっています。

このチャクラが活性して整った状態にあるとき、周囲の人たちと調和がとれた豊かな関係性をつくりあげることができます。また、力が弱まり整っていないときには、自分を大切にできなくなったりすると考えられています。

【2025～2029年の運気バイオリズム】

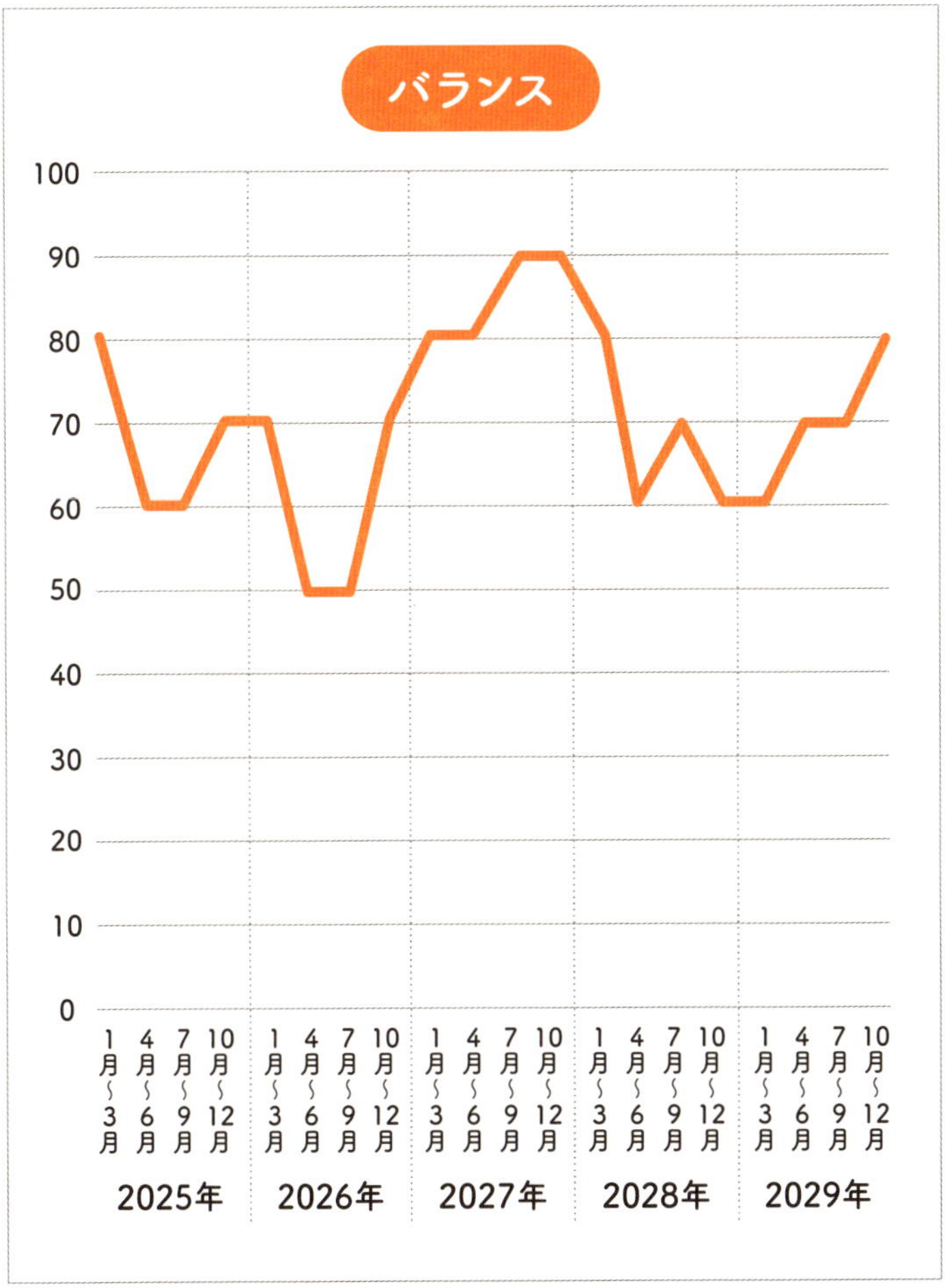

「レインボー」の人は、2027年7月～2028年3月、別世界からのお誘いや、新たに縁を結びたい人たちとのつながりがあり、そこだけに集中して動いていくでしょう。その瞬間にしか味わえない体験を大切にしていくうちに、新しい生活が定着していきそうです。

◆時代の変化とともに自分を変えて幸せを掴む

「レインボー」の人は、時代の変化をとらえる力に長けています。しかも、その変化に合わせて自分を変えていくことができます。

2025年4月から9月にかけては時代が大きく変わっていきます。

そのため、このタイプの人の生き方も自然と変化していくことでしょう。

働き方を変えたり、住む場所、人との付き合い方などを変えたりすることで、自分らしい生き方を手にする人が増えていくはずです。

自分の幸せよりも周囲の人の幸せを優先しがちだったこのタイプの人が、「自分の自由」を大切にできるようになるのもこの頃です。

自分の気持ちを抑えずに「やりたいことをやっていこう」と思えるようになるでしょう。

2026年4月から9月にかけては、世の中がさらに大きく変わるとき。

変化の渦の中で、いろいろと調整をしながら自分の人生を変えていくときです。

「レインボー」の人は前年に生き方を変えています。それを踏まえて、このタイミングでは一度立ち止まり、さらなる調整や変化をする必要があるかもしれません。

これまで信じてきた「幸せの形」が、これからも通用するのかどうか分からない。そんな状況の中で、どのように生きて幸せを手にすればいいのかをじっくりと考え、今後どの道を進むのかを見極める時期が訪れるのです。

そうした変化を経て迎える２０２７年１月から２０２８年３月は、このタイプの人が大いに活躍する時期です。

ひらめきに突き動かされて行動し、それが良い結果につながるということも多々ありそうです。時代の変化をとらえる力があるため、スムーズな展開を招きやすいのです。

この時期になると、学びに対する欲求も高まります。講座を受講したりいろいろな人に話を聞きに行ったりして、世界を広げてみてください。

自分がやりたいことをやる。学びたいことを学ぶ。それが、幸せにつながっていくのです。

相性

自分＼相手	パッション（火）	アース（土）	ウィンディ（風）	モイスチャー（水）	レインボー（バランス）
パッション（火）	友好関係 →1	化学反応 →2	抜群の相性 →3	ちょっと距離感 →4	化学反応 →5
アース（土）	化学反応 →2	抜群の相性 →6	ちょっと距離感 →7	友好関係 →8	友好関係 →9
ウィンディ（風）	抜群の相性 →3	ちょっと距離感 →7	化学反応 →10	ちょっと距離感 →11	化学反応 →12
モイスチャー（水）	ちょっと距離感 →4	友好関係 →8	ちょっと距離感 →11	友好関係 →13	抜群の相性 →14
レインボー（バランス）	化学反応 →5	友好関係 →9	化学反応 →12	抜群の相性 →14	友好関係 →15

【相性の調べ方】

ここからは、タイプ別に相性をご紹介していきます。
自分のタイプと相手のタイプを調べたうえで、上の表をご覧ください。
詳しい内容については次のページからお知らせしますので、
番号を参照して調べてみてくださいね。

NO. 1

「パッション（火）×パッション（火）」

情熱的で行動力がある「パッション」の人が２人揃うと、燃え上がる炎の勢いが大きくなるようにして、熱く盛り上がります。

友達同士であれば、一緒に行く旅行の計画を立てながら「ここに行きたい！」「あの場所にも行きたい！」と話が弾み、ワクワクした時間を過ごせるはず。

しかし、アイデアを出すのは得意でも、その後すぐに気持ちが途切れがちなのがこのタイプ。具体的な旅のプランを立てる前に満足して、計画がお蔵入りすることもありそうです。

パートナーとしては、相手に寄りかからず対等な関係が築けそう。自分が取り組んでいることに誇りを持ち、相手の取り組みを尊重する。そうして応援し合うことでうまくいきそうです。

ただし、自分の活動に熱中して一緒にいる時間がとれなくなることもあるので要注意。そうするうちに気持ちが離れてしまうこともあります。

NO.2

「パッション（火）×アース（土）」

何かを形にしたいと思うなら、最高のパートナーになれる組み合わせです。「パッション」の人が持つアイデアやインスピレーションと、「アース」の人の堅実さや土台をつくりあげる力が、バランスよく作用して新たなものを生み出すのです。

実はこの組み合わせは、相性が良くないと思われることもあります。なぜなら、気質や思考があまりにも違うからです。

「パッション」の人から見れば「アース」の人は「真面目すぎておもしろくない」と退屈さを感じることがあるかもしれません。また、「アース」の人から見れば「パッション」の人は「予定通りに物事を進められない、いい加減な人」と感じることもあるかもしれません。

しかし、自分にはない一面を持っている相手とだからこそ、補い合ったり長所を引き出し合ったりして、自分だけではできないことを乗り越えられるようになります。

うまく付き合っていくためには、お互いの違いを認めて尊重し、感謝し合うこと。そうすることで、想像もしなかった化学反応が起こりはじめるのです。

NO.3

「パッション（火）×ウィンディ（風）」

成功を掴むべくともに突き進んでいける、相性抜群の組み合わせです。「パッション」の人は、熱い気持ちで高みを目指す力があります。そして「ウィンディ」の人は、知恵と情報を豊富に持ち合わせています。

そんな両者がタッグを組むと、風にあおられた火が勢いよく燃え盛るように、成功に向かうスピードが加速しはじめます。

「0」から「1」をつくり出すのが得意ではあるものの、つくり出したものをうまく展開するところまでは思いが及ばない「パッション」の人。そして、何かをつくり出したいという気持ちはないものの、自分のアンテナで集めたすばらしい知恵や情報を活用していきたい「ウィンディ」の人。それぞれの得意を活かし弱みをフォローし合うことで、大きな結果を引き寄せるのです。

しかも彼らは、たとえ計画がうまくいかなくても相手にプレッシャーを与えることがありません。そんなライトさも相性の良さにつながっているようで、ビジネスパートナーとしても家族としても、楽しく付き合っていけそうです。

NO.4

「パッション（火）×モイスチャー（水）」

お互いの思いや目指すものを理解することで、協力し合いながら同じゴールに向かう良きパートナーになれそうです。

ビジネスにおける成功などを掴みとって「わかりやすい形で称賛を受けたい」と思う傾向がある「パッション」の人と違い、「モイスチャー」の人は、共感し合ったり愛情を注ぎ合ったりすることに価値を見出します。目指す方向が、まったく違うのです。

ですから大切なのは、あきらめずに両者の合意点を見つけること。互いの気持ちを素直に伝えながら、譲れること・譲れないことなどを明確にするといいでしょう。

そうすることで、それぞれが自分らしさを失うことなく、同じ方向へと歩みを進められるようになります。

違いを認め、尊敬と感謝を伝える言葉を交わしながら付き合っていきましょう。

NO. 5

「パッション（火）×レインボー（バランス）」

お互いの特性や世界観を認め合い、応援し合って良好な関係を築きます。

仙人のように達観した生き方をしている「レインボー」の人には、波風を立てない穏やかな人生を送る人が多いようです。それに対して「パッション」の人は、情熱的な性格ゆえにアップダウンの激しい人生を送る人が少なくありません。

「レインボー」の人は、そうした「パッション」の人の生き方におもしろみを感じる傾向があります。そして「パッション」の人は、自分にはない視点や世界観を持つ「レインボー」の人からヒントや刺激を得ることができます。

ただし、ビジネスパートナーとしてがっつりとタッグを組むと、違いの大きさゆえにうまくいかないことも。対等な立場で併走するというよりも、「パッション」の人のビジネスを「レインボー」の人がサポートするくらいの関係がちょうどよさそうです。

NO.6

「アース（土）×アース（土）」

「アース」の人にとって、最も相性がいいのが同じ性質を持つ「アース」の人。

堅実で真面目なところがあるこのタイプは、同じ性質を持つ者同士で何かに取り組むと確かな成果を引き寄せることができます。

たとえば、「アース」の2人が「お金を貯める」という目標を立てたとします。するとと、同じようなストイックさが発揮されるので、お互いの力が相まって着々とお金が貯まります。徹底した節制もものともせず、確実に達成に向かっていくのです。

他のタイプの人であれば、「この日だけは特別に、少し贅沢してもいいよね」と息抜きをすることもあるかもしれません。

しかし、「アース」の人がペアになるとそうした妥協はなく、一心不乱にゴールへと向かいます。

それは、このタイプの人たちの有能さゆえにできることですが、見方を変えると、柔軟性がなく修正がきかないという不器用さの裏返しでもあります。悩みや困りごとを「しんどいよね」と語り合い、共感し合いながら適度なユルさを忘れずにいるとよさそうです。

NO.7

「アース（土）×ウィンディ（風）」

「アース」の人と「ウィンディ」の人を比べてみると、性格や考え方がまったく違います。

安定志向が強く、大手企業の社員や公務員になりたいと考えるのが「アース」の人。それに対して「ウィンディ」の人は、安定よりもやりがいを求め、立ち上げたばかりのベンチャー企業に勤めたいと考えるタイプです。

このようにとにかく方向性が違うわけですが、だからこそ良い関係になれることもあります。違いを認め合い、相手の専門性に敬意を持って情報交換をすることで、刺激を与え合えるようになるのです。

「アース」の人も「ウィンディ」の人も自分の意見を言えるタイプですから、ときには言い合いになることもあります。しかし、そのおかげで切磋琢磨できたり、相手への理解を深めたりできるようになるわけですから、前向きに受け止めていくといいでしょう。

NO. 8

「アース（土）×モイスチャー（水）」

安定感があり、とても相性がいい組み合わせです。

相手との心のつながりや共感を大切にする「モイスチャー」の人と、相手の思いに共感しながら安定した関係づくりを目指せる「アース」の人は、深く結びつきやすいのです。

このタイプの人たちがパートナーになると、信頼関係が続く仕組みをうまくつくり上げることができます。

一度決めたことをしっかりと守り、相手を不安にさせることがない「アース」の人は、心のつながりを重視する「モイスチャー」の人にとって安心して付きあえる特別な相手になります。「モイスチャー」の人は、その関係が心地良いものになるよう調整する力がありますし、「アース」の人はその調整を踏まえて継続しやすいような基盤をつくる力があります。

また、このタイプの人たちは、「じっくりと基礎固めをしてから行動したい」という思考や、行動に移すときのペースなどもよく似ています。

そのため、息が合ったパートナーになりやすいのです。

NO. 9

「アース（土）×レインボー（バランス）」

穏やかでゆるやかな関係を築ける組み合わせです。

どちらも落ち着いた性格をしていますから、相手にとって不快な行動をすることはありません。安心して付き合える心地よい関係を続けることができます。

マメに連絡を取り合うことはありませんが、だからといって心が離れているわけではありません。家族や友人であれば、「用事がなければ連絡することもないし、1年に1回会うかどうかだけど、それでも信頼関係がある」という仲になりやすいでしょう。

このようにして付かず離れずの距離を保っているわけですが、ここぞというときには力を合わせることもできます。

たとえば家族なら、受験や介護などのタイミングでは協力が必要になることもあるでしょう。そんなときにはしっかりと連絡を取り合って、連携することができるのです。

NO.10

「ウィンディ（風）×ウィンディ（風）」

リズムや波長が合い、同じテンションで付き合っていくことができる組み合わせです。

フットワーク軽く行動する者同士、気が合うタイミングで楽しく過ごすことができます。

ただし、お互いに相手のペースに合わせようとしないため、なかなかタイミングが合わずに会えなくなってしまうこともあります。

また、会えば会話が盛り上がるものの、相手を思いやったり共感したりして心を通わせることは、それほど重視していません。情報交換に重点を置きがちなので、周囲からはドライな関係だと思われることもあるでしょう。

この組み合わせの夫婦に話を聞いたところ、月に1～2度しか会わず干渉もしないので、相手が何をしているのかも基本的によくわからないという人たちがいました。

しかしそれでも、相手をリスペクトする気持ちがあれば、刺激を与え合って良好な関係を築くことができます。相手の存在が励みになって、自分を磨き上げられるようになるのです。

NO.11

「ウィンディ（風）×モイスチャー（水）」

幅広い人脈を持ち、知り合い同士をうまくつなげることに喜びを感じる「ウィンディ」の人と、信頼できる人との関わりを大切にする「モイスチャー」の人。

「ウィンディ」の人は、「モイスチャー」の人にぴったりな知人を紹介することができます。「モイスチャー」の人は良縁をくれた「ウィンディ」の人に感謝し、それが「ウィンディ」の人の喜びになります。

このようにして、誰かを介して付き合うことでうまくいく間柄になりそうです。

束縛されることを嫌う「ウィンディ」の人と、気持ちや時間の共有を大切にする「モイスチャー」の人では、距離感のとり方が課題になります。

「相手が自分と同じ感覚を持っているわけではない」ということをお互いに意識して、自分の主張を押しつけずに話し合いを重ねましょう。そうすれば、相手の魅力に気づくことができ、うまく折り合いをつけながら付き合う方法が見つかるはずですよ。

NO.12

「ウィンディ（風）×レインボー（バランス）」

人との距離感のとり方や関わり方が似ている組み合わせです。

相手に多くを求めることなく、軽いスタンスで付き合うことを好むという点で、似たもの同士といえるでしょう。

センスや感受性にも通じる部分があるため、一緒に息抜きをしたり、本音を話し合ったりできる関係になれそうです。

濃い関係になることを望まない間柄ですから、お互いが無理に距離を詰めることはありません。

他の組み合わせでは考えにくいことかもしれませんが、旅行のときに現地集合・現地解散をすることもめずらしくない。そんな関係なのです。

自分のペースで過ごしたい「ウィンディ」の人にとって、移動時間はひとりのほうが気楽。「レインボー」の人もその気持ちに共感できるため、自然と心地良い距離をとって、目的地での時間だけを一緒に楽しむことができます。

しかし、だからといって浅い関係というわけではなく、強い信頼関係で結ばれているのです。

NO.13

「モイスチャー（水）×モイスチャー（水）」

濃密な関係になりやすい組み合わせです。

「モイスチャー」の人が持ち合わせている思いやりや愛情が互いに発揮され、強い結びつきを生み出します。

特に友人関係においては、最高の組み合わせといえるでしょう。

何時間も語り合って、それでもまだまだ語り足りない。飽きることなく朝まで語り明かすような、そんな関係になりやすいのです。

私が主宰するオンラインサロンでは、いろいろなタイプの人たちが集まって交流会をすることがあるのですが、二次会にも三次会にも参加しておしゃべりを満喫している人の多くが「モイスチャー」の人です。

寄り添いや共感のセンスが似ていて心地よさを感じる相手だからこそ、共鳴し合って楽しい時間を過ごすことができるのでしょう。

NO.14

「モイスチャー（水）×レインボー（バランス）」

確かな信頼関係で結ばれ、ともに過ごす時間をナチュラルに楽しめる組み合わせです。お祝いなどを目的として自宅に招いたり、一緒に旅行をしたりと、イベントを楽しむのももちろんいいのですが、なんとなく集まって雑談をするだけでも十分。特に目的もない何気ない時間でさえも、大切な思い出にすることができます。気負わずに会える関係性は、2人が醸し出すほのぼのとした空気にあらわれています。

「モイスチャー」の人と「レインボー」の人の間で、濃密な会話が交わされることはありません。しかし、だからといって関係が浅いわけではなく、素直な胸の内を明かせる貴重な存在として相手を大切にしています。

ユルさがある関係だからこそ、2人きりではなく他の人も気軽に招き入れておしゃべりを楽しむことも。家族ぐるみの付き合いになることも多く、お互いのパートナーを呼んでみんなで過ごすこともあるようです。

NO. 15

「レインボー（バランス）×レインボー（バランス）」

お互いに余計な気を遣うことなく、気楽に付き合える関係です。

他のタイプの人といるときには、聞き役になりやすい「レインボー」の人ですが、相手も「レインボー」の人の場合は、自然と話す側にもまわることができます。

お互いにうまくバランスをとりながら、双方が快適に話せる状態になるのです。

周囲の人たちを気遣い、物事を他人軸で考えがちな「レインボー」の人にとって、自分軸で話ができるこの関係性はとても貴重なものでしょう。

「いろいろな世界を見てみたい」という思いが強い「レインボー」の人は、会えばお互いの体験談を語り合うことが多いようです。

会話の目的は情報交換ではなく、そのときの思いを共有すること。

そうすることが、話す側にとっては癒しになり、聞く側にとっては刺激になります。お互いが自分軸で会話を楽しむことができるのです。

おわりに

「まい占い」によると私のタイプは、「パッション」の人。

火のエレメントの割合が高いわけですが、これまでの自分の人生を振り返ってみると「その通り！」と納得することばかりです。

私が配信しているYouTube『最高の未来を思い出す手相チャンネル』には、「元気が出た」というご感想をいただくことが多いのですが、おそらくそれは、私の中にある火のエレメントが見る人に情熱を伝え元気づけているからだと思っています。


あなたの場合は、いかがでしょうか。

星は私たちにたくさんのことを教えてくれます。

私は「まい占い」を活用するようになり、とても生きやすくなったと感じています。

本当の自分を知れたことで「どうすれば、最高の未来に向かえるのか」を考えやすくなったからです。

また、「まい占い」を使って周囲の人たちを知ることは、より良い人間関係を築くことにつながります。

私たちはつい、相手のことを勝手に想像してしまいますよね。

「こんな生き方をしたいと思っているはず」「こうすれば喜んでくれるだろう」

そうやって自分の視点で相手をイメージしてしまうのです。


人は誰でも自分の人生しか生きられませんから、それも仕方のないことです。

どれだけ真摯な対話をして、相手への理解を深めようとしたところで限界があるでしょう。


そんな状況に手を差し伸べてくれるのが「まい占い」です。

私はこの占いによって、大切な人たちのことを想像しやすくなったと感じています。

特に、自分とは違うタイプの人の生き方を理解しやすくなり、お互いの良さを生かしながら快適に付き合う方法を考えられるようになりました。

自分を知り、相手を知れば、人生を変えることができます。

あなたの人生にもぜひ、「まい占い」を役立てていただけると幸いです。

PROFILE

田淵華愛（たぶち かあい）

1982年12月1日、北海道生まれ。占い師。フェエモントエンドカンパニー株式会社代表取締役社長。一般社団法人手相コミュニケーション協会代表理事。あらゆる世代の女性から、男性の会社経営者まで、幅広い層から鑑定依頼を受けている。YouTube『田淵華愛の「最高の未来を思い出す」手相チャンネル』のチャンネル登録者数は12.5万人超（2024年11月現在）。手相・占星術・暦と、社会・経済を融合させて次世代の生き方を読み解いている。オンラインサロン「華愛新選組」を主宰。

STAFF

イラスト／スギタメグ
装丁／大久保有彩
デザイン／今泉 誠（imaizumi design）
編集／和田奈津子
編集協力／谷 和美

Special Thanks

逢坂 杏　伊藤 陽生
加藤 久枝　新谷彩香

「本当の自分」がわかる性格診断 まい占い

2024年12月13日 第1刷発行

著　者	田淵華愛
発行人	関川 誠
発行所	株式会社宝島社 〒102-8388 東京都千代田区一番町25番地 電話03-3239-0928（編集） 03-3234-4621（営業） https://tkj.jp
印刷・製本	サンケイ総合印刷株式会社

Printed in Japan
ISBN978-4-299-05748-8